Undine Zimmer

Nicht von schlechten Eltern

MEINE HARTZ-IV-FAMILIE

S. FISCHER

MIX
Papier aus verantwortungsvollen Quellen
FSC® C083411
FSC
www.fsc.org

Erschienen bei S. FISCHER

Satz: Pinkuin Satz und Datentechnik, Berlin
Druck und Bindung: CPI books GmbH, Leck
Printed in Germany
ISBN 978-3-10-092592-3

Für meine Mutter und meinen Vater

Allen, die sich in einer ähnlichen Lebenssituation befinden wie meine Eltern, wünsche ich den Mut zum Träumen. Und Träume, die neuen Mut für hoffnungsvolle Taten mit sich bringen.

»Ich habe das Leben so gerne rechtschaffen leben wollen. Und in allem richtig handeln.« Mama

INHALT

KAPITEL EINS

»Trau dich!«

In dem es um eine Studentin mit Abschluss geht, die statt Aufbruchsstimmung eine große Müdigkeit verspürt und sich damit auseinandersetzen muss, dass selbst die Zukunft noch von der Vergangenheit bestimmt wird.

Meine Mutter hat mir beigebracht, dass in diesem Land jeder die gleichen Chancen hat. Sie hat mich dazu ermutigt zu träumen. Obwohl sie sich in den Warteräumen des Jobcenters nicht als vollwertiger Mensch und oft hilflos fühlte, habe ich sie nie auf andere oder auf den Staat schimpfen hören. »Du kannst alles im Leben erreichen, was du willst«, hat sie zu mir immer gesagt – obwohl sie wusste, dass sie mir dann irgendwann bei den Hausaufgaben nicht mehr würde helfen können, obwohl sie nachts von all den Leckereien träumte, die nie in unserem Einkaufswagen lagen.

Hartz-IV-Empfänger gelten in der Öffentlichkeit allzu oft als Jammerlappen, Flaschensammler, gewaltbereite junge Männer, sie werden eher als »Asoziale« wahrgenommen denn als Mitbürger. Oder man führt sie in Talkshows und Reportagen als traurige Helden vor, als tapfere Alleinerziehende, als unfreiwillige Frührentner oder als arme Selbständige, die ohne Schuld in Not geraten sind und um das Recht auf ihr Auto kämpfen.

Meine Eltern gehören weder zur einen noch zur anderen Gruppe: Sie haben ein mittleres Bildungsniveau, sie legen Wert auf gesunde Ernährung und sie hören Kulturradio. Womöglich sind sie nicht die Einzigen.

*

Als ich das erste Mal neben meiner Mutter auf der breiten Holzbank eines Wartesaals saß, war ich noch nicht einmal drei Jahre alt und meine Mutter schon arbeitslos. Ich war noch sehr klein, aber ich erinnere mich an die weite Steinhalle, so endlos wie die Wartezeit, an dröhnende Lautsprecher und daran, dass meine Mutter geweint hat. Damals, 1981, war das Sozialamt im Künstlerhaus Bethanien am Mariannenplatz in Kreuzberg untergebracht. Es war schmutzig und es wurde viel geraucht. Eine Spielecke für Kinder gab es nicht. Die Lautsprecherdurchsagen waren so unverständlich, dass meine Mutter die ganze Zeit Angst hatte, vor lauter Rauschen ihren Namen zu überhören.

Wir hatten schon lange gewartet, vielleicht eine Stunde, vielleicht zwei Stunden. Also hat sie zaghaft an eine Tür geklopft, um nachzufragen, ob sie vielleicht doch schon aufgerufen wurde. Hinter der Tür hatte der Sachbearbeiter gerade seine Stullen ausgepackt und die Zeitung aufgeschlagen. Er hat sie gleich angeschnauzt. Da hat sie angefangen zu weinen.

Meine Eltern waren, solange ich denken kann, Langzeitarbeitslose: Eine alleinerziehende Mutter und ein geschiedener Vater und Aufstocker, der als Taxifahrer weniger verdiente als ich mit meinen schlecht bezahlten Studentenjobs. Mittlerweile sind sie beide über sechzig und erhalten eine kleine Rente mit ergänzender Sozialhilfe. Leider ist keinem von beiden die sogenannte »Integration in den Arbeitsmarkt« gelungen. An der Zahl der Bewerbungen, einem mangelnden Wunsch nach Unabhängigkeit und Arbeit lag das nicht.

Für mich gehören meine Eltern zu jenen unsichtbaren Helden, die in unserem Land jeden Tag um ihr soziales Überleben kämpfen. Im Vergleich zur Mehrheit haben sie in diesem Kampf eine schlechte Ausgangsposition. Sie haben sich, obwohl sie sich oft erniedrigt fühlten, ihre Würde bewahrt. Trotzdem beeinflusst die Sozialhilfe bis heute ihr Leben und damit auch meins.

*

Als man mich zu Beginn meiner Hospitation beim *Zeit-Magazin* fragte, was ich denn an Themenvorschlägen parat habe, war der Vorschlag, über meine langzeitarbeitslosen Eltern zu schreiben, eine Verlegenheitslösung. Die spontane begeisterte Reaktion war die erste Überraschung. Beim Schreiben überkamen mich immer wieder Zweifel; ob das Thema jemanden interessieren würde, ob ich genug zu erzählen hätte, ob ich überhaupt die geeignete Person bin, etwas zum Thema Armut zu sagen. Meine Bekannten verstanden auch anfangs nicht, was ich da genau berichten wollte. Was sollte an mir so anders sein? Sie konnten keinen Unterschied sehen. Bis der Text druckfertig war, ging er einige Male zwischen mir und meiner Redakteurin hin und her. Ein paarmal war ich kurz davor, das Projekt zurückzuziehen. Dann dauerte es Monate, und ich dachte schon, die Redaktion hätte es sich anders überlegt. Als ich nachfragte, kam die zweite Überraschung: Der Text sei für den Titel eingeplant. Typisch, dachte ich, entweder verschwinde ich ganz in der Menge oder ich falle richtig aus der Reihe. Einfach »normal« scheint es für mich nicht zu geben. Als der Text endlich erschien, war meine Mutter am nervösesten. Doch die Reaktionen aus der Redaktion hätten nicht lobender und von den Lesern nicht anrührender sein können. Ich hatte einen Ton getroffen, mit dem beide Seiten – Beobachter und Betroffene – etwas anfangen konnten. Im folgenden Frühjahr 2012 stand ich, eine Anfängerin und Außenseiterin, plötzlich mit meinem ersten großen Text auf der Nominiertenliste für den Henri-Nannen-Preis, einen der bekanntesten Journalistenpreise in Deutschland. Ich fand es einfach nur skurril. Den Preis habe ich zwar nicht bekommen, aber, was für mich persönlich die wichtigere Auszeichnung war, einen Buchvertrag. Dann erst war ich sicher, ich hatte doch etwas zu erzählen.

⋆

Ich bin mit 16 Jahren von zu Hause ausgezogen. Ich war unter den 38,5 Prozent der Studierenden, die den BAföG-Höchstsatz ohne weitere Nachfragen bekommen haben. In meiner Familie gab es kein Haus, kein Auto, keine Ersparnisse, die angerechnet werden konnten. Es gab nur Sozialhilfe, wie es damals noch hieß. Ich habe als Erste in meiner Familie ein Studium abgeschlossen und habe jetzt jede Menge Bildungsschulden. Statistisch gesehen bin ich mit dem Karrierefahrstuhl nach oben gefahren. Als Akademikerin Teil des ach-so-vielversprechenden Potentials der Nation, hochqualifiziert, mit einem guten, aber mittlerweile zum Aussterben verurteilten Magisterabschluss, vier Fremdsprachen und jeder Menge Erfahrung. Ich könnte sagen: Ich habe es geschafft!

Eigentlich sollte die Vergangenheit meiner Eltern jetzt keine Rolle mehr spielen. Meine Situation zeigt mir, dass die Realität anders aussieht. Gerade wenn es um die Zukunft geht, wird die Herkunft plötzlich wichtig. Ich habe nur das Versprechen der Chancengleichheit ernst genommen und versucht, im Berufsleben Fuß zu fassen. Ich werde, zu meiner Überraschung, als etwas Besonderes wahrgenommen. Dass ich über meine persönlichen Erfahrungen und meine Herkunft offen spreche, ist offensichtlich immer noch ungewöhnlich. Ich dachte, wir wären längst weiter.

Ich habe mich nie dafür geschämt, woher ich komme und wer ich bin. Ich habe nie versucht zu verstecken, dass meine Eltern geschieden sind, mein Vater Taxifahrer war und meine Mutter zu Hause blieb. Genauso wenig habe ich mich dafür geschämt, dass ich nach meinem Studienabschluss in einem Charlottenburger Café kellnerte statt im Akkord Bewerbungen zu schreiben. Da bekamen meine Kommilitonen ihre ersten – natürlich befristeten – Jobs, promovierten oder stellten ihren Antrag für Hartz IV. Ich wollte auf keinen Fall zum Jobcenter gehen. Ich war 29 und mit meinem monatlichen Kellner-Lohn war ich auf niemanden angewiesen, konnte die Miete für meine kleine Einzimmerwohnung bezahlen und endlich meinen Führerschein machen.

In meinem Café fühlte ich mich zu Hause. Meistens lehnte ich an dem dunklen Holztresen und wartete auf Gäste. Hinter meinem Rücken standen in den verspiegelten Regalen Biergläser, Sekttulpen, Kaffeetassen, süße

Sirups, grüne und braune Likörflaschen, Aperitifs und amerikanische wie schottische Whiskys, die ich endlich zu unterscheiden gelernt hatte. Das Herzstück des wohnzimmergroßen Raumes war die Kaffeemaschine, rechts hinter dem Tresen, mein treuer Begleiter durch den Tag. Ich hatte alles, was ich brauchte: eine Arbeit, die mir leicht von der Hand ging, meinen Latte macchiato, ein Sandwich und meine Lieblingsgäste. Alles Wissen, das keinen praktischen Gebrauchswert hatte, war hier überflüssig. Das gefiel mir.

Das Café ist eins dieser alten Westberliner Cafés zwischen dem bohemienhaften Savignyplatz und der rummeligen Fußgängerzone Wilmersdorfer Straße. Seit der jetzige Chef die ehemalige Studentenklause vor fünfzehn Jahren übernahm, haben sich im Gastraum nur Kleinigkeiten verändert. Ein neuer Kleiderhaken, nach zehn Jahren eine Uhr, neue Klodeckel.

Die meisten Gäste sind Stammgäste: Kiezkönige, Journalisten, Künstler, Arbeitslose, Makler und pensionierte Lehrer mit ihren Schoßhunden. Sie kommen fast jeden Tag, sitzen ein paar Stunden an den kleinen runden Holztischen, am liebsten neben der halbvertrockneten Topfpflanze an der großen Fensterfront und trinken immer den gleichen Kaffee.

Im Sommer trugen wir die kleinen Tische mit den eingebrannten Blumenmustern und den gusseisernen Tischbeinen nach draußen. Jedes Frühjahr kam jemand und wollte sie kaufen. Ich servierte lächelnd weiße Milchschaumberge, garniert mit schlagfertigen Kommentaren, und fühlte mich selbst wie eine kleine Kiezgröße in meinem Quartier. Andererseits war es angenehm, dass dort niemand wusste, wer ich bin, was ich studiert hatte, wovon ich träumte und was ich bisher gesehen hatte. Es war nicht wichtig. Wichtig war nur der Milchschaum.

An einem Sommertag saß plötzlich eine ehemalige Vorgesetzte aus der Literaturbranche in einem der Korbstühle. Bei ihr hatte ich als Schwedisch-Studentin ein Praktikum gemacht und später in ihrem Büro ausgeholfen. Danach waren wir uns nur noch einmal bei einem Empfang in den nordischen Botschaften begegnet. Meine Pläne, in der Literaturbranche zu arbeiten, hatten sich seit diesem Treffen in Luft aufgelöst. Ich hatte zwar entsprechende Praktika absolviert und auch gute Zeugnisse bekommen, aber kein Jobangebot.

»Guten Tag, haben Sie schon einen Wunsch?« Ich reichte ihr die kleine gelbe Karte, die ich eigenhändig für das Café gestaltet hatte.

»Was machst du denn hier?« Sie schaute mich überrascht an.

»Na, ich arbeite hier«, sagte ich und setzte mein souveränes, breites Kellnerlächeln auf. In Wahrheit aber fiel es mir in diesem Moment schwer, Haltung zu bewahren und einen lockeren Witz zu machen. Da gab es dieses Abschätzige in ihrem Blick, mit dem alle brotlosen Geisteswissenschaftler bedacht werden. Ein Blick, der fragt: Hast du *dafür* studiert? Für einen Job als Kellnerin? War es das schon für dich?

»Du bist das einzig Vernünftige, das wir hingekriegt haben«, hat mein Vater einmal halb scherzhaft zu mir gesagt. »Du machst alles viel besser als ich damals, du bist stärker, dein Leben wird anders verlaufen.« Meine Eltern wissen nicht, dass ich mich eigentlich nie stark genug fühle. Wenn ich Probleme habe, kann ich ihnen nicht gleich davon erzählen. Erst wenn ich sie schon gelöst habe. Sonst machen sie mich noch nervöser, als ich ohnehin schon bin, und ich muss sie auch noch wegen meiner Sorgen trösten.

Dabei bin ich oft unsicher. Ich habe zu Ende studiert und immer hart gearbeitet, habe aber nie das Gefühl, genug geleistet zu haben. Oder dazuzugehören. Immer lande ich irgendwo dazwischen und passe nirgendwo richtig hin. Nicht zu den Intellektuellen, nicht zu den Proleten, nicht zu den Versagern, nicht zu den Erfolgreichen. Manchmal stehe ich minutenlang wie angewurzelt an einer Kreuzung und weiß nicht, wohin. Manchmal laufen mir mitten in der Stadt die Tränen über die Wangen. Und immer ist die Angst da, dass auch ich alles verlieren könnte, bevor ich irgendwo angekommen bin. Dass ich trotz aller Anstrengung irgendwann versagen könnte und das Leben meiner Eltern leben müsste. Diese Angst verfolgt mich. Als ich in meinem Café arbeitete, konnte ich sie vergessen.

Mein unerwarteter Gast bestellte nur einen Kaffee für sich und ihre Begleitung. Wir unterhielten uns nicht weiter, nicht übers Wetter und nicht darüber, wie ich hier gelandet war und was ich sonst so mache. Zum Abschied musterte meine ehemalige Chefin mich noch einmal und ließ mich mit einem »Trau dich!« zurück.

*

Dieses »Trau dich!« begleitet mich seitdem. Es hatte mich in einer höchst zwiespältigen Situation erwischt. Jetzt, da es endlich losgehen sollte, mich keine wissenschaftlichen Spitzfindigkeiten und Studienordnungen mehr daran hinderten, aufzubrechen, meine Interessen zu einem Job und zu Geld zu machen, fühlte ich mich ausgelaugt. »Wenn man mir meinen Traumjob jetzt anbieten würde«, sagte ich nach einem Jahr strapaziöser Abschlussprüfungen zu meiner besten Freundin, »würde ich ihn nicht haben wollen.« Und das, obwohl ich ständig fieberhaft überlegte, wie meine Zukunft aussehen könnte.

Hatte ich meine Chancen bereits verpasst? Die Zeit verträumt? Stundenlang am Tisch sitzen, nachdenken, schreiben lernen, sich bilden – das schien mir nicht mehr die Aussicht auf ein besseres Leben zu eröffnen, sondern ein Luxus zu sein, von dem niemand einen konkreten Nutzen hat. Meine alten Ideale, die Liebe zur Literatur, kamen mir inzwischen lächerlich vor. Wer bin ich schon, dachte ich.

Vielleicht hat die Auseinandersetzung mit meiner Herkunft damals angefangen. Ich wollte wissen, was mich als »Hartz-IV-Kind« von anderen unterscheidet. Ist es die Verzagtheit, mit der ich seither durchs Leben gehe? Es heißt oft, dass Kinder von Sozialhilfeempfängern ihrerseits zu Beitragsempfängern heranwüchsen, weil ihnen die Bildung fehle oder die Fähigkeit, morgens aufzustehen. Ist es die Angst, dass sich alles wiederholt?

Heute redet alle Welt über Hartz IV. Die Menschen glauben, dank der Supernanny das Leben am Existenzminimum zu kennen – und haben doch keine Ahnung. Genauso wenig wie die Studenten, die sich nach der Uni ein paar Monate arbeitslos melden, bis sie den nächsten Job haben. So wie der Entwicklungshelfer nur zu Gast in der »Dritten Welt« ist, so haben auch sie das Rückfahrticket immer in der Tasche.

Ein Kind von Langzeitarbeitslosen zu sein kann viel bedeuten. Am prägendsten sind vor allem die fehlenden Erfahrungen – wie ein Familienurlaub ist, wie gut ein Sonntagsessen schmecken kann und wie hilfreich in manchen Situationen spendable Patentanten doch sein können. Am heftigsten vermisst man jemanden an seiner Seite, der einem jenes Grundvertrauen einflößt, das andere schon mit der Muttermilch eingesogen haben. Denn auch Chancen brauchen Mut und meist auch etwas Geld. Das fehlt aber. Geigenunterricht? Braucht eine Geige. Besuch im Technik-Museum? Kostet Eintritt. Bildung durch Reisen? Unbezahlbar. Umso mehr bewundere ich an meiner Mutter, dass sie es immer wieder schaffte, mir Erfahrungen zu ermöglichen, die andere Hartz-IV-Kinder wohl kaum machen können: Ich erhielt Klarinettenunterricht, ich nahm Ballettstunden, ich machte mein Abitur im Ausland.

Meine Mutter hat sich, als sie schon Jahre lang arbeitslos war, einen Computer gekauft. Eine teure Anschaffung. Wozu brauchen Arbeitslose Computer und Internet? Sind Flachbildschirme und MP3-Player denn nicht bloße Statussymbole? Dabei sind die multimediale Welt und das Internet die besten und billigsten Werkzeuge, um Anschluss zu finden, teilzuhaben, sich weiterzubilden, um vielleicht sogar der so gern beschworenen Chancengleichheit zumindest näherzukommen. Aber Arbeitslose dürfen noch lange nicht, was andere Menschen dürfen. Sie dürfen nicht einmal die Stadt verlassen, die nächste Vorladung könnte jeden Tag im Briefkasten liegen. Jede Ausnahme muss akribisch beantragt und begründet werden. Man muss für jede Entscheidung eine Rechtfertigung parat haben. Immer. Das kriecht ins Denken.

Nichts wird in den Medien so gern diskutiert wie der Speiseplan für Hartz-IVler und ihre vermeintliche Vorliebe für Fastfood. Ich kann nur sagen, dass wir eigentlich nie

Geld für Burger übrig hatten. Bei uns gab es auch selten Zucchini oder Auberginen, und Besuche beim Bäcker waren fast schon ein kleiner Luxus. Aber Äpfel waren immer da und Möhren. Vielleicht waren wir die Ausnahme. Meine Mutter legte Wert auf »gesunde Ernährung« – aber auch dazu gehört Wissen, gehört Bildung.

Ich habe mir früher nie viele Gedanken darüber gemacht, dass wir weniger hatten als andere. Ich habe nie darüber gegrübelt, was die Situation meiner Eltern für meine Zukunft bedeuten könnte. Im Falkenhagener Feld in Berlin-Spandau, wo ich zur Schule ging, gab es viele Sozialwohnungen und Hochhäuser. Hier wohnten überwiegend Arbeiterfamilien, Linke, polnische und türkische Familien. Von ihren Kindern habe ich mich äußerlich nicht besonders unterschieden. Für mich gab es allerdings einen wesentlichen Unterschied: Manche hatten ein Auto, andere nicht. Wir gehörten zu den anderen.

Heute weiß ich, dass der Satz »Wir haben kein Geld« das ganze Leben und Denken bestimmen kann. Denn letztendlich geht es dabei gar nicht nur um Geld, sondern um Identität und Selbstbewusstsein. Beides geben Eltern an ihre Kinder weiter.

*

Ich sehne mich nach Stabilität, finanzieller Sicherheit, klar umrissenen Perspektiven – zumindest für eine Weile hätte ich all das gern. Doch je näher ich der Zukunft kommen möchte, desto mehr verschwimmt sie und desto wichtiger wird meine Vergangenheit. Ich zögere noch, aber vielleicht werde ich mich endlich trauen, meinen Weg zu finden, wenn ich verstehe, woher ich komme und was es für mich bedeutet. Deswegen habe ich angefangen, über meine Familie zu schreiben.

Ich möchte unsere Geschichte von einem Leben mit Transferleistungen erzählen. Ich kann und will nicht für alle »Hartzer« oder ihre Kinder sprechen, ich kann nur das aufschreiben, was ich selbst erlebt und erfahren habe; wie es war, mit Eltern aufzuwachsen, die in dieser Gesellschaft als Außenseiter betrachtet werden. Ich glaube, dass es höchste Zeit ist, über eine Normalität zu sprechen, die gern an den Rand der Gesellschaft verbannt wird, obgleich sie für viele schon lange Realität ist und längst die gutbürgerliche Mittelschicht erreicht hat.

Am Anfang wusste ich noch nicht, wie schwierig und oft auch unangenehm dieses Vorhaben werden sollte. Durch das bewusste Wachrufen meiner Kindheit wurde ich vorübergehend noch mehr zum »Hartz-IV-Kind«, als ich es ohnehin schon war. Ständig glaubte ich, unser Leben verteidigen zu müssen. Ständig glaubte ich, mich dafür rechtfertigen zu müssen, dass ich in Anspruch nehme, benachteiligt gewesen zu sein – und gleichzeitig wollte ich mich dafür entschuldigen, dass ich aufs Gymnasium gegangen bin. Das passte nicht ins Bild, anderen erschien es als widersprüchlich und unlogisch. Oder einfach als fremd. Eben das hat mich letztendlich darin bestärkt, weiterzuschreiben. Dabei habe ich nicht nur viele schöne Erinnerungen aus den Ecken meines Gedächtnisses hervorgeholt, sondern meinen Eltern und auch mir selbst viele unangenehme Fragen gestellt. Die Antworten haben uns nicht selten selbst überrascht, uns als Familie einander nähergebracht und mir sogar ein Stück Kindheit zurückgegeben.

Träumen erfordert viel Mut, wenn dir keiner Hoffnung macht. Und es ist so viel leichter, für Träume zu kämpfen, wenn du unterwegs Menschen triffst, die dich verstehen und an dich glauben, wenn du selbst noch zweifelst. Zum Glück habe ich immer wieder solche Menschen getroffen. Und ich möchte selbst eines Tages jemand sein, der andere ermutigt, nach ihren Träumen zu suchen und an sie zu glauben.

KAPITEL ZWEI

Eine Wohnung ohne Selbstbewusstsein

In dem es um die vier Wände geht, in denen ich groß geworden bin, die Trennung zwischen Wohn- und Schlaf- und Esszimmer etwas Unnatürliches ist und sich nach unserem Umzug bei mir eine innere Heimatlosigkeit einstellt.

Mein Name verrät bereits alles über mich: *Undine.* Ein Fabelwesen, das sich zwischen zwei Welten bewegt; oben die Welt der Menschen und unten, tief unter dem Meeresspiegel, eine Welt, die der menschlichen gleicht – nur haben ihre Bewohner keine Seele. Undinen sind in der Mythologie Wesen, die in ihrer eigenen Welt nicht glücklich und in der anderen nicht erlöst werden. Beide Welten hegen Vorurteile gegeneinander. Man beäugt sich kritisch und hält die eigene für die bessere.

In der oberen Sphäre, der Zivilisation der Mittelklasse, in der die normalen Menschen leben, wird Undine als ungezügeltes Naturwesen angesehen. Die Tischmanieren und Benimmregeln, den Smalltalk und den Elevator-Pitch – jenes Selbstmarketing in genau dem Zeitfenster, das der Fahrstuhl braucht, um von einem Stockwerk zum nächsten zu kommen – beherrscht sie nicht. Sie verkauft sich überhaupt nicht gerne.

Ich habe mich in meinen jungen Jahren oft wie eine dieser fremdelnden Undinen gefühlt. Undinen kommen in der Statistik des Studentenwerks, der PISA- und der OECD-Studie nicht vor. Sonst müsste wohl erwähnt werden, dass es für Fabelwesen immer schwieriger wird, soziale Unterschiede auszugleichen und Aufstiegschancen zu nutzen.

Es ist schwer, die Unterschiede sichtbar zu machen, die zwischen den beiden Welten existieren. So einfach, wie die zahllosen Sprichwörter es nahelegen – wer nicht will, der hat schon; wer zu faul ist, soll sich nicht beschweren; jeder ist seines Glückes Schmied –, so einfach ist es jedenfalls nicht. Nicht jeder hat die gleichen Werkzeuge zur Verfügung. Es gibt eine ganze Menge feiner Unterschiede, wie sie der französische Soziologe Pierre Bourdieu untersucht hat, und die fangen bei der Zimmeraufteilung der Wohnung an.

*

Die meisten Wohnungen, die ich bei Freunden, Klassenkameraden und Bekannten gesehen habe, sind mit einem Schlafzimmer für die Eltern ausgestattet, in dem ein großer Einbauschrank aus hellem oder dunklem Holz steht, im Wohnzimmer befindet sich eine Couchgarnitur, ein weiterer Einbauschrank mit Vitrine für die Jubiläumsgeschenke des Arbeitgebers, darunter oder daneben der Fernseher, möglicherweise noch eine Essecke. Das Kinderzimmer verfügt – je nach Anzahl der Kinder – über Einzel- oder Doppelstockbett und Regalelemente für die Kuscheltiere und Barbies. Am Ende des Flurs findet sich gegebenenfalls das Arbeitszimmer von Mama oder Papa, in dem in der Zeit meiner Kindheit der einzige Computer der Familie stand.

Dieses Zimmer war zwar meist voll mit ödem Papierkram, aber es lockte, weil es absolut tabu war, es zu betreten.

Bei meiner Mutter und mir gab es außer dem Bad und der Küche keine abgetrennten Funktionsräume. Es gab eigentlich nur mein Zimmer und Mamas Zimmer. Und Mamas Zimmer war Wohnzimmer, Schlafzimmer, Esszimmer und Arbeitszimmer zugleich. In meinen ersten acht Jahren machte nur eine Matratze auf dem Boden ohne Bettgestell das Schlafzimmer meiner Mutter aus. Gleich daneben befand sich unser »Esszimmer«: ein langer brauner Couchtisch. Das Wohnzimmer bestand aus einem senffarbenen Sessel, dem holzverkleideten Radio aus den Siebzigern mit runden silbernen Drehknöpfen und dem Plattenspieler, alles Sachen, die wir aus der Wohnung meines Vaters mitgenommen hatten.

Unsere erste Wohnung lag im Hochparterre eines typischen Sechzigerjahrebaus in der Alexandrinenstraße in Westberlin, im braveren Teil von Kreuzberg SW61. Wir hatten zwei Zimmer, vom Wohn-Mama-Schlaf-Zimmer ging auf der einen Seite eine kleine Einbauküche ab, auf der anderen eine Loggia. Im Flur verbargen sich in einem deckenhohen Wandschrank die Kleider meiner Mutter und geheimnisvolle Gegenstände aus ihrem Leben ohne mich. Was bei anderen die große Couch ist, war bei uns die Badewanne. Ich habe, als ich größer war, stundenlang in der Badewanne gesessen, gelesen und durfte manchmal auch dort essen.

An mein eigenes erstes Zimmer erinnere ich mich kaum. Darin stand ein Bett, eine Holzkiste für meine Spielsachen und eine Theaterstellwand, für die meine Mutter vier Handpuppen: einen König, eine Königin, einen Frosch und eine Prinzessin, gekauft hatte. Mir bedeuteten der Park und die Wiese draußen vor der Tür mehr. Später wanderte ein einfaches unlackiertes Kellerregal ins Mama-Zimmer. Das hatte uns meine Tante Magda 1983 gekauft, als sie das einzige Mal aus den USA zu Besuch kam. Meine Mutter hatte damals nicht einmal dafür genug Geld. Im IKEA-Katalog ist das Regal bis heute bei den Kellermöbeln unter dem Namen »Ivar« zu finden. Wer wirklich an der Einrichtung spart, den erkennt man meist daran, dass er das Ivar-Regal im Wohnzimmer stehen hat.

Ein zweites kleines Ivar-Regal wurde unsere Bibliothek. Weltliteratur auf fünf Buchmetern: dank dem Musik- und Buchversand Zweitausendeins standen hier unter anderen die gesammelten Werke von Camus und Dostojewski, zwei Bände von Gogol, Kafka, »Die Odyssee«, das »Glasperlenspiel« von Hermann Hesse und einige gelbe Bändchen von Reclam: »Der gute Gott von Manhattan« von Ingeborg Bachmann, »Die Vögel« von Aristophanes und die Märchen der Gebrüder Grimm.

In einer Holzkiste bewahrten wir die Plattensammlung meiner Mutter auf, Jazz, Opern und etwas Pop: »Der Troubador« von Giuseppe Verdi, »Tosca« von Giacomo Puccini, »Carmen« von George Bizet, »Die Entführung aus dem Serail« von Wolfgang Amadeus Mozart und gleich daneben Jimi Hendrix und Jethro Tull, Gianna Nannini, Oscar Peterson und Louis Armstrong. Ich habe oft die französischen Libretti der Carmen mitgelesen, während meine Mutter beim Bügeln oder Putzen die Oper hörte. Nur ab und zu habe ich auf die deutsche Übersetzung geschielt, die gleich daneben stand. Die Geschichte von Carmen hat mich wie ein Lieblingsmärchen begleitet. Außerdem ist Carmen eine selbstbewusste Frau, die sich nicht um die Normen der Gesellschaft schert, eine, die ihrer Leidenschaft folgt, auch im Alleingang. Ein erstes Vorbild. Sie war immer faszinierender als die brave Micaëla, die Picknickkörbchen trägt und auf einen Mann wartet.

In der ganzen Wohnung hingen an den Wänden Bilder von Marc Chagall. Wenn ich meine Augen schließe und an die Farben meiner Kindheit denke, dann sehe ich das Blau, das im Hintergrund so vieler seiner Bilder ist, das Rosa und Elfenbeinweiß der »Zirkustänzerin«, die im Zimmer meiner Mutter hing, und das Gelb des »Jongleurs« mit dem Schnabel und der Uhr. Sollte ich beschreiben, was Liebe für mich ist, würde ich an ein Bild von Chagall denken, an den »Spaziergang«, auf dem ein Paar – sie im lavendelfarbenen Kleid, er über dem Boden schwebend und sie haltend – die Grenzen der Schwerkraft überwindet. Diese Bilder habe ich Millionen Male betrachtet. Jedes steht für ein ganz besonderes Gefühl.

Neben dem Bett meiner Mutter hing viele Jahre ein Wandteppich. Er gehörte einfach dazu. Erst später erkannte ich in dem schwarzen Viereck in der Mitte die Hadsch in Mekka und in den vielen Figuren mit den orangen und roten Gewändern und den Turbanen auf den Köpfen Pilger. Daneben liest meine Mutter das Alte Testament.

Arme Leute haben keine Bilderrahmen. Wir steckten unsere Bilder vorsichtig mit Stecknadeln in die Tapete. Selbst etwas bauen konnten wir nicht – wo hätten wir sägen sollen und mit welchem Werkzeug? Aber meine Mutter konnte Löcher bohren, Lampen aufhängen und IKEA-Möbel zusammenbauen. Und sie konnte Topflappen häkeln. Ein Jahr lang hat sie alle Bekannten mit Topflappen, Eierwärmern und Pulswärmern beschenkt. Und sie hat uns drei Gardinen mit großen Luftmaschen für unsere erste gemeinsame Wohnung gestrickt, eine in Rosa und zwei in Grün. Diese Gardinen wusch sie im Frühjahr und im Herbst sorgfältig mit der Hand, damit sie ihre Form behielten.

Auch an Kleidern hat sie sich versucht. Als ich in den Kindergarten ging, hat sie mir ein Leibchen gehäkelt. Ein helles, glänzendes in Fliederlila mit einem Stern aus Silberfäden auf der Brust. Damals war ich noch leicht zufriedenzustellen. Ein paar bunte Tücher machten es möglich, mich in alles zu verwandeln, was ich sein wollte, Prinzessin oder Papagei. Ich saß in unserem Loggiafenster, zog alle Röcke an, die mein Schrank hergab, wickelte mich in bunte Tücher und spannte den Regenschirm auf. Er war hellblau mit gelben Punkten und hatte Rüschen am Rand. Gegenüber vom Fenster durfte ich mit Fingerfarben ein riesiges Bild an die Tapete malen: Ein Piratenschiff, das für alle anderen aussah wie ein riesiger brauner Klecks.

Vor dem Loggiafenster war eine Wiese. Wenn das Heu frisch gemäht war und es liegen blieb, wurde sie zum Spielplatz. Ich habe mir ein Haus gebaut: erst einen Ring und darin kleine Heuhaufen, die entweder ein Sessel oder die Küche waren.

Ich hänge sehr an alten Dingen. Aber ich gehe dabei nicht so weit wie mein Vater, der alles, was noch zusammenhält, aufhebt, selbst alte Plastikteller und Schalen. Meine Mutter dagegen möchte alles Überflüssige loswerden, alles, was schwer und sperrig ist. Die alten Möbel aus meiner Kindheit, die alle von meinem Vater stammten, waren aus massivem dunklen Holz, zwei schwere Buffets, der Couchtisch, unter dem man ausgezeichnet Höhlen bauen konnte.

Und dann war da noch der grünkarierte Sperrholz-Sessel mit den weißen Gummibändern, auf denen die Polster lagen. Ohne die Polster wurde der Sessel zum Trampolin, umgedreht mit ein paar Decken zur Höhle. Aber alle diese Möbel gibt es nicht mehr. Denn wir zogen um.

Eines Abends stand ein Mann mit einem weißen Hündchen in der Tür. Er spazierte in der Wohnung herum und schaute alles an, als gehöre es schon ihm. Ich hätte ihn am liebsten rausgeworfen, womöglich wollte er uns alles wegnehmen, aber meine Mutter beachtete mich gar nicht. Als er gegangen war, habe ich sie gefragt, wer das denn gewesen sei. Da erst habe ich erfahren, dass wir umziehen und Besuch von unserem Nachmieter erhalten hatten. Warum wir umziehen mussten, habe ich nie verstanden. Es war eine Laune meiner Mutter. Sie wollte aus Kreuzberg weg. Ihr war dort zu viel Stadt, dort sei die schlechteste Luft von ganz Berlin, behauptete sie, die einem ständig Halskratzen verursache. In Spandau lockte der Wald, die »Freiheitlichkeit«, meinte sie. Und der Zeitpunkt schien ihr günstig, bevor ich eingeschult wurde. Ich wurde nicht gefragt. Für mich war der Umzug keine Verbesserung.

*

Unsere Spandauer Wohnung lag im zweiten Stock eines Hochhauses im Falkenhagener Feld. Man musste, um ins Haus zu kommen, einen schwarzen viereckigen Schlüssel an eine kleine runde Platte halten, dann öffnete sich die Tür mit einem Piepen. In jedem Stockwerk gab es einen Müllschlucker und man konnte mit dem Fahrstuhl bis in den 15. Stock hochfahren. Das habe ich eine Zeitlang mit

Klassenkameraden gemacht, die zu Besuch kamen. Der Treppenhauschacht war eng. Es stank manchmal in den unteren Etagen.

An dem Tag, an dem wir eingezogen sind, ist jemand von einem Treppenhausbalkon gesprungen, an unserem Küchenfenster vorbei. Der Abdruck des Körpers war noch auf dem Boden sichtbar. Die Polizei hat die Spuren beseitigt und Mitbewohner befragt. Ich erinnere mich schemenhaft an den Notarztwagen und die Stimmen der Nachbarinnen. Danach ist nie wieder so etwas passiert. Nur die Nachbarn über uns haben sich jahrelang, ausgerechnet immer am Samstag- und Sonntagmorgen, wenn man endlich ausschlafen konnte, gestritten. Sie haben geschrien und Möbel umgeworfen. Irgendwann hat der Lärm nur noch genervt. Aber man überhörte ihn bald, wie die Flugzeuge, deren Tegeler Einflugschneise über unser Haus führte.

Mein Hochhaus war das erste in der Reihe von drei identischen Hochhäusern. Verbunden waren sie durch einen breiten Weg, von dem aus kleine Wege abgingen, die zu vier- bis fünfstöckigen Wohnblöcken führten. Vor jedem Komplex waren Büsche gepflanzt, ein kleiner Spielplatz und eine Wiese angelegt, deren Gras meist von der Sonne verbrannt war. Daran änderten die Rasensprenger auch nichts.

Im Vergleich mit Kreuzberg, mit unseren Spazierwegen am Paul-Linke-Ufer, wo die Schwäne auf dem Kanal schwammen und eine ausrangierte Eisenbahnlokomotive zum Klettern einlud, empfand ich den Spandauer Forst als todlangweilig. In Kreuzberg gab es Laubbäume und bunte Büsche, in Spandau nur Kiefern und verbrannten Rasen. Der von meiner Mutter so gelobte Waldspielplatz war braver als meine Autoreifenschaukel im Kreuzberger Waldeckpark, wo auf der Wiese neben den Rosenbüschen manchmal ein paar ältere Kinder ihre Schildkröten herumkriechen ließen. In Kreuzberg konnte immer alles passieren, die Wege waren voller Abenteuer, Menschen, Zwischengänge, Durchgänge und Querstraßen. Auf dem Weg nach Hause kam ich an der Wiese mit den Ponys oder am Wochenmarkt vor dem Halleschen Tor vorbei, wo ich manchmal heruntergefallene Blumen sammeln durfte. In Spandau schien alles vorhersehbar – öde Wohnstraßen, sandige Schrebergärten und Kleinhauskolonien.

Während ich in Kreuzberg leicht Kontakte knüpfte oder mich vor größeren Kindern auf meinen Schleichwegen versteckte, konnte ich in Spandau lange an der Tür eines Nachbarn klingeln, um nach einem Ei oder etwas Mehl zu fragen. Niemand würde aufmachen. Die meisten Mitbewohner gingen nur nach draußen, wenn sie ihre Hunde ausführten. Danach stank der Fahrstuhl immer nach Hund.

Meine Mutter und ich haben in Spandau nicht schlechter gelebt als viele andere dort. Spandauer sehen sich nicht als Berliner, sondern als »Spandauer«. Dass ich später auch so bezeichnet wurde, hat mich immer geärgert. Ich bin nie Spandauerin geworden, ich war und blieb Berlinerin. Aber durch unseren Umzug war ich an der Peripherie gelandet, auch wenn meine Mutter mir das hartnäckig als Verbesserung verkaufen wollte. Vielleicht war es eine für sie.

Das Wort »wohnen« ist etymologisch mit »Wonne« verwandt. Meine Mutter fühlte sich in Spandau wohl und geborgen. Ich bin dort nie heimisch geworden. Monatelang rückte ich an den Möbeln meines Zimmers herum, in der Hoffnung, dass es sich eines Tages doch noch wie ein richtiges »Zuhause« anfühlen würde. Aber unserer Wohnung fehlte das Selbstbewusstsein. Vielleicht war ich deshalb lieber bei anderen. Ich bin nie richtig in unserem neuen Zuhause angekommen. Und diese innere Heimatlosigkeit war nicht an unseren Möbeln sichtbar oder an den gestrickten Gardinen – aber sie war immer spürbar.

KAPITEL DREI

Es zählt, was fehlt

In dem ich Schlittschuhfahren und Sonntagsessen nicht mit meinen Eltern, sondern in den Familien meiner Freunde kennenlerne und das Angebot meiner Mutter »Wir können ja spazieren gehen« genervt ablehne.

»Kommst du mit raus?«, fragt mich meine Mutter hoffnungsvoll.

»Wohin?«, murre ich zurück.

»In den Wald, an die frische Luft, zu den Wildschweinen im Gehege«, lockt sie.

»Die Wildschweine stinken«, sage ich, »und Spazierengehen ist langweilig.«

So lief jedes zweite Gespräch zwischen meiner Mutter und mir ab, wenn wir gemeinsam etwas unternehmen wollten. Meine Mutter ist fast täglich in den Wald gegangen. Dabei sah der immer gleich aus: die Wege trocken, der Boden sandig; deswegen wachsen so viele Kiefern in Spandau, haben sie uns in der Schule erzählt. Es gibt kein Moos, keine großen Steine, hinter denen man skandinavische Trolle mit großen Nasen vermuten könnte, keine Beeren, nur die Waldwege, die zum Sonntagsspazieren und Fahrradfahren geplättet sind. Dort laufen ältere Herrschaften mit Hunden und im Frühjahr quaken ein paar Frösche an einem mickrigen Teich. Die größeren Tiere sind in Gehegen. Wildschweine mit Spaghetti zu füttern ist die Attraktion des Familienspaziergangs, das hat mich nie so begeistert. Der Spandauer Forst ist das Revier meiner Mutter. Sie kennt jeden Stein, jeden besonderen Strauch, und früher hat sie mich damit überredet, dass sie Schlangen oder Salamander im Wald gesehen hat, die sich aber wundersamerweise immer versteckten, wenn ich mitkam. Spazierengehen hält meine Mutter zusammen und strukturiert ihren Tag. Meinen nicht.

Der andere immer wiederkehrende Dialog verlief ungefähr so:

»Mama, mir ist langweilig.«

»Was willst du denn machen?«

»Weiß nicht.«

»Kommst du mit spazieren?«

»Nein.«

»Wir können auch eine Runde Schach oder Mühle spielen.«

Darauf folgte dann wiederum ein Nein meinerseits. Ich habe eine Weile mit meiner Mutter Schach gespielt, aber keine von uns hat es zu größerer Virtuosität gebracht. Alle anderen Brettspiele wurden zu zweit schnell langweilig und die meisten Kartenspiele brauchen mehr als zwei Spieler. Aber spazieren gehen und Schach spielen waren nun einmal die beiden Freizeitaktivitäten, die bei uns außer Lesen zur Auswahl standen. Meine Mutter hat noch einige Male versucht, mich zum Tischtennisspiel mit ihr zu animieren. Aber irgendwie kam bei mir kein Ehrgeiz auf.

Ein Fahrrad hat sie sich erst leisten können, als ich schon in der Schule war. Allerdings ist sie dann trotzdem oft lieber gelaufen. Ich erinnere mich auch nur an wenige Radtouren, die wir gemeinsam gemacht haben. Einmal sind wir nach der Wende über den Todesstreifen hinaus durch den Spandauer Forst bis zu den nächsten Dörfern gefahren. Sonst gingen wir manchmal an die Badestelle in einer Ausbuchtung der Havel, im Spandauer Volksmund die »Bürgerablage« genannt, an der die Schiffe vorbeifuhren. Ein kleiner matschiger Sandstreifen, auf dem die Vorstadtfamilien grillten, und ein mit Bojen abgestecktes Badeareal. Mir waren die warmen roten Steine am Beckenrand des berüchtigten Prinzenbads in Kreuzberg lieber. Dort hatte ich mit meinen Freundinnen Zitronenlimonade getrunken und meinen ersten Milchzahn verloren. Das Wasser im Prinzenbad war blauer, die Steine waren wärmer als der Sand an der Havel. Aber ob Havel oder Freibad, meine Mutter ging ohnehin nie mit ins Wasser. »Zu kalt«, sagte sie. Kurz: Selbst wenn ich etwas mit ihr unternahm, war es ziemlich langweilig.

In einem meiner ersten Winter war der Grunewaldsee zugefroren. Ich reichte meiner Mutter gerade bis zur Hüfte. An diesem Tag war sie übermütig und fühlte sich an ihre Kindheit erinnert. Sie zeigte mir, wie man auf der Eisfläche mit Anlauf schlittern kann. Ich habe es nicht hingekriegt und schließlich wollte ich nicht mehr rutschen. Ich habe mich vor den anderen Leuten geniert. Vielleicht war es auch der Ton meiner Mutter, die plötzlich etwas so viel besser konnte als ich und mir gönnerhaft beibringen wollte. Und Schlittschuh bin ich erst einige Jahre später zum ersten Mal gelaufen. Mit einer Klassenkameradin, deren Eltern mir sowohl den Eintritt für die Eisbahn als auch die Leihgebühr für die Schlittschuhe bezahlt haben. Meine Freundin hat mir gezeigt, wie man aufs Eis kommt, wie man vorwärts und rückwärts laufen kann. Alle anderen hatten das als kleine Kinder mit ihren Eltern wie Fahrradfahren gelernt. Ich habe mich doppelt geschämt, weil ich es nicht konnte, und wollte es dann auch nicht mehr probieren.

So ging es mir mit vielen kleinen Dingen, bei denen man im Mittelpunkt steht oder sich beobachtet fühlt. Hausaufgaben in der Schule vorlesen zum Beispiel, Freunden etwas vorsingen in diesen Spielen, in denen jeder eine Aufgabe erfüllen muss – und wie benimmt man sich in einer Schülerdisko? Schulsport – Brennball und Bundesjugendspiele –, davon handelten meine Albträume. Es gab so vieles, was neu für mich war, was ich hätte falsch machen können. Wenn es möglich war, habe ich mich zurückgezogen. Ich konnte mich sehr hartnäckig verweigern.

»Ich wollte immer, dass du alles, was ich dir nicht geben kann, wenigstens bei anderen mitbekommst. Auch wenn es mir innerlich häufig wehtat«, hat meine Mutter in einem ihrer Briefe aufgeschrieben. Sie hat mich oft gehen lassen, sie selbst hat dabei am meisten verpasst. Aber auch für mich hatte es nicht immer nur angenehme Folgen.

Ich war zweimal mit meiner Grundschulklasse auf Klassenfahrt in Schleswig-Holstein, viermal auf Jugendfreizeiten der Kirche, einmal mit befreundeten Familien auf Osterfahrt. Und ich war mit der Familie meiner Sandkasten-Freunde unterwegs, als gehörte ich dazu, im Urlaub in Schweden, auf Familienfeiern oder Sonntagsausflügen. Der Vater einer Freundin hat mir sogar einmal eine Skijacke und Skiunterwäsche gekauft, damit ich mit seiner Tochter und einer Jugendgruppe auf meine erste und einzige Skifreizeit fahren konnte. Sie wussten alle, dass meine Mutter nichts bezahlen konnte. Bei ihnen habe ich auch das Sonntagsessen nach dem Gottesdienst kennengelernt. Plötzlich waren Sonntage nicht nur Tage, an denen nichts passierte und niemand Zeit hatte. Wir machten gemeinsame Spielfilmnachmittage, Ausflüge in den Tiergarten und aßen anschließend Pfannkuchen.

Zum einen habe ich also sehr viel erlebt für ein Kind aus einer armen Familie. Zum anderen habe ich es fast immer ohne meine Familie erlebt und mich daran gewöhnt, Dinge ohne meine Mutter zu tun. Oft habe ich das Gefühl gehabt, dass ich dankbarer sein müsste als andere und eigentlich nicht da sein sollte, wo ich gerade war. Dass ich das Gute, was mir widerfuhr, nicht verdient hatte. Oder dass ich etwas nicht nur meiner eigenen Leistung zu verdanken hatte. Das hat das Gefühl bestärkt, nicht dazuzugehören.

Es passierte etwas mit mir, wenn ich kleine Summen oder Gegenstände von anderen annahm. Ich fing an zu glauben, alles könne möglich werden. Ich rechnete sogar damit, dass Dinge, die vorher unerreichbar schienen, vielleicht doch möglich werden könnten, wenn ich es nur stark genug wollte. Andererseits hatte ich ein schlechtes Gewissen. Ich fühlte mich, als würde ich ständig Geschenke annehmen, könnte aber nichts zurückgeben. Aus Dankbarkeit kann Ohnmacht werden. Genau das wurde mir in einer Situation besonders schmerzlich bewusst. Es ist die Geschichte der traurigsten Ostern meines Lebens, auf einem Schloss in Craheim, als ich vierzehn war.

Ich war dort mit zwei befreundeten Familien, die sich gut kannten und mich mitgenommen hatten. Es war Ostermorgen, und gleich würden alle losgehen, um im Schlosspark Osternester zu suchen. Ich wusste, dass ich alles kaputtmachen würde, wenn ich mich im Zimmer versteckte und nicht mitkäme. Es war mir auf einmal sehr unangenehm, mitgefahren zu sein, und ich fragte mich, warum ich an diesem Tag nicht bei meiner Mutter war.

Ich hatte Angst, dass ich als Einzige ohne ein Nest im Park stehen würde, obwohl ich gleichzeitig sicher war, dass irgendjemand auch an mich gedacht haben würde. Was schwerer wog: Es war mir peinlich, dabei zu sein, ich fühlte mich wie ein Eindringling. Das war ihr Ostern, waren ihre Osternester. Wegen eines Extranests für mich würden meine Freundinnen weniger bekommen.

Ich stand neben den Büschen und konnte mich nicht rühren, in meinem Hals steckte ein dicker Kloß. Ich wartete, bis die beiden Mädchen ihre Nester gefunden hatten. »Geh doch gucken, ob noch etwas versteckt ist«, ermutigte mich ihr Vater, ein langer dünner Mann mit grauen Haaren und Vollbart. Er hatte eine ruhige, würdevolle Ausstrahlung. Vor ihm war ich besonders schüchtern. Ich ging zum nächsten Busch und bückte mich. Im Gras saß eine Strohente, die genauso aussah wie die meiner Freundinnen, gefüllt mit Ostergras und Ostereiern, und sie wartete auf mich. Ich konnte sie fast nicht aufheben, weil mich bereits die Tränen drückten. Ich wollte nur verschwinden und habe mich verkrampft bedankt. Ich habe mich gefreut und zugleich gefühlt, als ob ich jemandem etwas wegnähme.

Nur einmal war es mir zuvor schon so ähnlich ergangen. Mit zehn Jahren hatte ich auf einer Freizeit einen Sport- und Spielwettbewerb gewonnen. Ich hatte erst gar nicht teilnehmen wollen. Aber eine Vereinsmitarbeiterin hatte mich ermutigt und mir eine Toblerone versprochen, wenn ich nur einfach mitmachte. Und dann belegte ich den ersten Platz. Mein bester Freund kam erst auf dem elften

Platz. Und anstatt stolz zu sein und vielleicht ein bisschen anzugeben, war es mir unglaublich peinlich, besser zu sein als er. Ich hätte fast geweint. Aber der Mitarbeiterin war ich sehr dankbar und ich habe nie vergessen, wie sie mich ganz ruhig und geduldig ermutigt hat, Spaß an der Sache zu finden. Ich hätte mir gewünscht, dass mich öfter jemand so hartnäckig überredet hätte, Neues einfach auszuprobieren.

Dass ich mich oft zurückzog, wurde mir immer wieder als Arroganz ausgelegt. Oft habe ich auch gar keine Erklärung abgegeben, sondern nur behauptet, ich hätte kein Geld. Die Wahrheit als Provokation und Selbstverteidigung. Es hat viel für meine Selbstachtung bedeutet, selbst zu entscheiden, ob ich mich irgendwem anschließe oder nicht. Manchmal ist es vielleicht wichtiger, auf eine Erfahrung zu verzichten, um den eigenen Stolz bewahren zu können – eine Entscheidung, die nicht in jeder Situation leicht zu treffen ist. Ich habe es sicherlich auch zuweilen übertrieben. Ich habe als Einzige nicht in das Erinnerungsbuch für einen Klassenlehrer geschrieben, den ich nicht leiden konnte. Es wäre mir wie eine Lüge vorgekommen. Dabei hätte ein bisschen mehr Diplomatie wahrlich nicht geschadet.

Später habe ich gelernt, um der Gemeinschaft willen mitzugehen. Und ich habe viele Methoden entwickelt, um dabei zu sein, ohne wirklich teilzunehmen. Man kann einen Abend im Restaurant auch mit einem Glas Tee verbringen. Allerdings muss man sehr bestimmt darauf bestehen, dass es genau das ist, was man will. Zeigt man auch nur eine Sekunde lang Unsicherheit, wird man sofort in Mitleid ertränkt und ist entlarvt.

Vielleicht habe ich mit der Zeit das Gefühl dafür verloren, wann man getrost Angebote annehmen kann und wann man sie besser ablehnen sollte. Wenn man sonst keine Möglichkeit hat, bestimmte Wünsche zu verwirklichen, ist man manchmal vielleicht zu schnell bereit, etwas anzunehmen. Aber ab und zu habe ich meinen Stolz bewahrt, um mir selbst zu beweisen, dass ich nicht auf andere angewiesen bin oder den Willen aufbringen kann, auf etwas zu verzichten. Sonst begibt man sich schnell in Abhängigkeiten. Wenn sie nicht materiell werden, sind sie emotional. Nicht alle, die ein Angebot aussprechen, meinen es auch so.

Meine Mutter hat diesen Moment, in dem man das innere Gleichgewicht verliert, einmal sehr treffend beschrieben: »Die Mutter einer Schulkameradin kaufte auch mir ein Eis, denn ich hatte kein Taschengeld – und ich nahm es und – schämte mich! Dabei hätte ich es als Mutter ebenso gemacht. Es ist diese Scham, die sich einstellt, wenn man Objekt von Mitleid, oder möge man es Wohlmeinen nennen, wird.« Dieses Gefühl macht mürbe, aber man merkt es viel zu spät. Man fühlt sich immer unzureichend, überdankbar und außerstande, auch nur das Kleinste zurückzugeben.

Noch etwas Wesentliches war bei uns zu Hause Mangelware: Leichtigkeit. Von Anfang an lag eine Schwere in der Luft, die Übermut lähmte und Schüchternheit verstärkte. Da war die Familie meiner Sandkastenfreunde, deren Mutter sich laut freute und scherzhaft mit ihrem Mann zankte. Meine Mutter blieb eigentlich immer ruhig, machte oft ein ernstes Gesicht und lächelte. Zu Hause konnte sie gelöst und zufrieden sein, aber an Überschwänglichkeit, an ausgelassenes Rumtoben oder Albernheiten, an kleine Streitereien, die zum Spaß gehörten und herausfordern sollten, kann ich mich nicht erinnern. Wenn ich sie fragte, sagte meine

Mutter: »Ich freue mich doch. Das sieht man nur nicht so wie bei den anderen.« Ich fragte damals nicht weiter. Aber in meiner Mutter hat die Frage nach der Fröhlichkeit einen Stachel hinterlassen. Sie fühlte sich schuldig, weil sie zu der Zeit nicht glücklich war. Dazu kam ein Widerwille, in bestimmten Situationen Glück und Freude signalisieren zu müssen, weil man sonst zur Spaßbremse wird. Und ich habe das unbewusst kopiert.

Ich fühle mich da am wohlsten und entspanntesten, wo es ruhig und leise ist, wie zu Hause, wo wir nur zu zweit waren. Der Druck, in Gesellschaft zur Fröhlichkeit beizutragen, kann zum Korsett werden, das jede Fähigkeit erstickt, sich locker und offen zu bewegen. Ich schäme mich dann für jeden Schweißfleck, mein T-Shirt sitzt nicht mehr, ich pendle zwischen Toilette und Küche, wo sich die aufhalten, die pausieren oder lieber reden als tanzen.

Hat mir etwas Wichtiges gefehlt? Meine Mutter hat mich nie gehindert, immer motiviert, obwohl ich sie sogar weggestoßen habe. Sie hatte nicht die Umgangsformen, die ich bei anderen sah, sie ist nicht dort aufgetreten, wo man sich zeigt und miteinander konkurriert. Und damit traute ich ihr auch nichts mehr zu. Was wusste meine Mutter schon von der Schule, was wusste sie schon davon, was und wer cool war in der Welt da draußen?

Die anderen sind mit ihren Eltern über Grenzen gefahren, haben die Schweiz, Frankreich gesehen oder eine Oma in Nordrhein-Westfalen gehabt. Ich kannte nur Berlin. Ich konnte mir unter dem Schwarzwald nichts vorstellen. Mein Alltag kam mir unbedeutend vor, ich wollte auch den, den alle anderen hatten.

KAPITEL VIER

»Iss doch einen Apfel!«

Erklärt, woher meine tiefe Abneigung gegen Haferflocken kommt, warum leere Keksdosen Begehrlichkeiten wecken und mein erster Burger eine Geschichte für sich ist.

»Arm sein ist, sich durch dieses überfüllige Warenangebot hindurchschwitzen zu müssen, wenn man einfach nur etwas einkaufen gehen will.« Mama

Meine Mutter mag keine Trinkpäckchen. Nicht nur weil sie umweltschädlich und teuer, zudem mit nur wenig und außerdem noch ungesundem Inhalt versehen sind. Meine Mutter mag keine Trinkpäckchen, weil Trinkpäckchen arme Mütter demütigen können. Wenn eine befreundete Mutter die kleinen Dinger aus ihrer Tasche holte, um sie ihren Kindern und vielleicht auch mir eins anzubieten, dann bekam meine Mutter noch einmal vorgeführt, dass sie solche Sachen nicht kaufen konnte, die Kindern so viel Spaß machen: Caprisonne, Fruchtzwerge, Brausepulvertüten und Bifi. Andere bekamen solche Leckereien mit in die Schule. Als ich erfuhr, dass man den Kindern in England sogar kleine Chipstüten mitgibt, war ich richtig neidisch. Für mich gab es immer das gleiche Schwarzbrot mit Kräuterstreichkäse, Möhren, Äpfel, eine Tomate oder auch mal ein Stück Käse und Knäckebrot. Eigentlich ein gesundes Essen. Eigentlich lecker. Aber langweilig.

Es ist ein Unterschied, ob man sich aus verschiedenen Gründen dafür entscheidet, gewisse Dinge nicht zu kaufen, wenn man weiß, man könnte es, oder etwas nicht kauft, weil man es nicht kann. Selbst wenn es nicht besonders gesund ist: Ein Trinkpäckchen kann zum Statussymbol werden.

⋆

Reutlingen 2012. Déjà-vu im Penny Markt: Ich stehe vor dem Getränkeregal. Plötzlich bekomme ich große Lust auf Bier. Es gibt ein Weizen im Angebot, das mir richtig schmeckt. Es steht gleich neben dem Mineralwasser, das ich gesucht habe. Wenn man Durst hat, dann ist eine 1,5-Liter-Flasche Mineralwasser für 19 Cent ein günstiger Luxus. In meiner Tasche sind nur drei Euro und ich bin mit dem festen Entschluss hierhergekommen, endlich die Pfandflaschen abzugeben und nur das Notwendigste für heute Abend zu kaufen: Mozzarella für die Füllung der letzten grünen Paprika – die, die im Paprikamix immer übrigbleibt –, eine Seife für die WG und einen Liter Milch für Tee und Kaffee am Schreibtisch. Sogar die Schokolade will ich mir diesmal verkneifen. Weil es ein knapper Monat ist, in dem ich eisern sein muss. Aber mit einem Bier am Abend ließe es sich doch viel besser arbeiten, rede ich mir ein. Auf ein paar Tage gerechnet ist so ein Sechserpack doch auch gar nicht so viel. Der Dialog im Kopf beginnt, die Spendable und die Sparerin in mir diskutieren miteinander. Klar könnte ich den Dispo noch um vier Euro mehr überziehen. Was macht das schon für einen Unterschied? Vier Euro Lebensqualität.

Ich denke an das Glas Spargel 2001 in Südschweden und bleibe hart. Ich werde dieses Glas nie vergessen, das ich nie gekauft habe und das, selbst wenn ich es gekauft hätte, niemals so geschmeckt hätte wie in meiner Vorstellung. Damals war ich Erasmus-Austauschstudentin in Schweden. Das Auslands-BAföG war viel zu gering verglichen mit den teuren Zimmermieten dort. Außerdem kam es zu spät und es gab keine finanzielle Unterstützung für die Mietkaution, was die monatliche Summe um einiges schmälerte. Die zusätzlichen 50 bis 100 Euro Erasmusgeld waren ein Tropfen auf den heißen Stein. Ich hatte sehr wenig Geld und musste streng rechnen. Für zehn schwedische Kronen habe ich Sellerie gekauft, für neun Kronen etwas Brot oder Pasta und vielleicht ein paar Möhren. Was kostet am wenigsten, hat am meisten Masse und lässt sich am besten kombinieren? Obwohl man so wenig ausgibt, raubt so ein Einkauf viel Kraft und Zeit. Ich stand vor einem Regal und mein Blick fiel auf das kleine Glas mit den Spargelspitzen. Ich mache mir sonst gar nicht viel aus Spargel. Diesmal aber lief mir das Wasser im Mund zusammen. Ich habe zehn Minuten mit mir gerungen, bis ich es im Regal stehen lassen konnte. Das kleine Glas für neun Kronen hätte mein Budget gesprengt. »Ich gönne es mir später« – damit tröstet man sich am besten.

Dieser Monat in Reutlingen ist wieder ein knapper Monat. So wenig Geld hatte ich schon lange nicht mehr. Ich habe auch schon lange keine Lust mehr, so knapp zu rechnen und immer wieder eine 59-Cent-Schokolade gegen eine Packung Mehl abzuwägen. Und heute stehe ich also zuerst vor dem Bier. Dann versuchen mich die eingelegten Artischockenherzen. Ich liebe in Öl eingelegte Artischockenherzen auf Weißbrot zum Frühstück. »Später, später«, murmele ich wie ein Mantra in mich hinein, drehe mich schnell weg und gehe mit der Seife und der Milch zur Kasse.

Wenn man nur wenig Bargeld in der Tasche hat, dann ist es am leichtesten, sich an ein vorgegebenes Budgetziel zu halten. Der zweite Trick ist, nur das zu kaufen, was man gerade kochen will. Dann kann man am ehesten auf alles verzichten, was sich den Augen appetitanregend präsentiert und schon mal »für die nächsten Tage« mitkommen möchte: auf eine Avocado beispielsweise oder auf die Nektarinen, die sind ohnehin noch zu hart und die Pflaumen noch zu teuer. Es ist genug zu Hause, um nicht zu hungern. Mehl, aus dem mit einem Päckchen Hefe für neunzehn Cent ein Brot oder Pizzateig werden kann, Kartoffeln, Nudeln, Reis, die mit Möhren, Linsen und Joghurt kombiniert werden können. Ich kann eine wunderbare Mahlzeit aus Resten kochen: eine Möhre, eine Tasse Bulgur, eine Paprika, Zwiebel. Schon wird daraus eine gefüllte Paprika.

Trotzdem habe ich nach einer Stunde schon wieder Appetit. Er lässt alles wieder vor meinem geistigen Auge erscheinen, was ich nicht gekauft habe. An diese Art von unersättlichem Appetit und an die paar Euro, von denen das Essen für die nächsten zwei Tage gekauft werden musste, kann ich mich nur zu gut erinnern. So war es früher oft. Nur hat damals meistens meine Mutter gerechnet.

⋆

Einkaufszettel. Was wir immer zu Hause hatten, waren Zwieback, Haferflocken, Spaghetti, Mehl, Äpfel, Pfefferminzbonbons, den abgepackten Gouda von Aldi, Gurke und Tomaten, Ovomaltine, Kräuterstreichkäse und das Sonnenblumenkernbrot für mein Schulbrot, eine Zeitlang die Knoblauchsalami von Aldi, Zwiebeln und Kartoffeln, Rotkohl, Möhren und Erbsen im Glas, oft Spinat und Buttergemüse tiefgefroren, Sauerkraut und den Magerquark für meine Mutter, Frischkäse für mich. Salmiakpastillen hatte meine Mutter meistens für Erkältung oder mal zum Lutschen auf Vorrat.

Am Anfang des Monats kauften wir mit der Rolltasche bei Aldi mehrere Tafeln Schokolade, mal Schokoküsse, vielleicht eine Prinzenrolle, eine Packung Haribo oder Lakritzschnecken. Im Winter hatte meine Mutter immer Fenchelhonig oder Vitaminsaft für mich zur Stärkung der Abwehrkräfte. Nach dem Großeinkauf am Anfang des Monats wurde in den nächsten Wochen nur noch das Notwendigste nachgekauft. Die letzte Woche im Monat war dann eben etwas karg, die Kekskrümel knisterten in den leeren Dosen, wenn man sie hin und her bewegte.

Typische Gerichte bei uns waren Spaghetti mit Würstchen, Ketchup und Käse, Spaghetti mit Käsesoße oder Spaghetti mit Butter, Salz, Tomatenmark und Käse. Als wir noch einen Fernseher hatten, haben wir uns am Freitagabend etwas Besonderes zum Auftakt des Wochenendes gegönnt. Manchmal kauften wir eine Tiefkühlpizza, Spinat oder Margherita, die wir dann noch extra belegten mit Zwiebeln, Käse und Gewürzen. Essen durfte ich sie vorm Fernseher zu einer der Serien, die man damals schaute. Oder wir haben eine unserer Lieblingsopern aufgelegt,

»Carmen« von George Bizet oder den »Troubadour« von Giuseppe Verdi, wenn es nach mir ging.

Kleine Haferflockenkunde. Für eine bestimmte Sorte Vielkornschmelzflocken als Babynahrung ist meine Mutter früher zwei Bezirke weiter gefahren, um sie für uns zu bunkern. Dass das Geld immer irgendwie gereicht hat, haben wir ihrer Disziplin und Köllns Haferflocken zu verdanken. »Das sind die Besten«, sagt sie – was auch immer an diesen Haferflocken besser sein mochte als an anderen. Aber meine Mutter ist gelernte Krankenschwester und kennt sich aus mit Ernährung. Sie weiß, dass die Nährstoffe direkt unter der Schale sind und die Herstellung schonend sein muss. Es gibt da ein paar Marken, die sie noch aus ihrer Kindheit kennt und denen sie wegen der Qualität vertraut. Köllns Haferflocken gehören dazu, Brandts Zwieback und Gläschenkost von Hipp und wenn es um Seife geht, Palmolive, seit ihr Stiefvater, der Seemann, das Motorenöl nur mit Palmolive von seinen Händen entfernen konnte. Manche Marken sind wie vertraute Bekannte. Von denen trennt man sich ungern.

Haferflocken sind die perfekte Notfallnahrung. Sie machen satt und enthalten Vitamin B1, B6 und E, Zink, Eisen und Calcium, Ballaststoffe und ungesättigte Fettsäuren. Hatten wir zu viel ausgegeben, galt unser Versprechen: »In den nächsten Tagen essen wir nur Haferbrei.« Daran hat sich von uns beiden, glaube ich, nur meine Mutter gehalten.

Wenn ich anderen von dem vielen Haferbrei erzähle, dann sind die Reaktionen fast immer abwehrend. »Iiiiih, Haferbrei«, sagen die meisten und denken dabei an eine schleimige Masse, die sich nicht mit einem Frühstücksbrötchen vergleichen lässt. Warum der Haferbrei in Deutschland so schlecht angesehen ist, müsste man eigentlich mal ergründen. In England, Schweden und Dänemark hat er einen ganz anderen Status. Dort sind die Packungen für Haferflocken auch dreimal größer als hier. Man isst ihn mit Milch und Zucker oder mit Mandeln, Rosinen, Honig oder mit Marmelade. Meine Mutter hat ihn manchmal mit einer zerquetschten Banane gemischt. Aber natürlich weiß ich Haferbrei erst richtig zu schätzen, seit ich von zu Hause ausgezogen bin. Denn was meine Mutter kochte, brauchte immer noch etwas mehr Zucker oder Salz. Und weil es meine Mutter kochte, war es für mich schon aus diesem Grund mit dem Geschmack der Notwendigkeit verbunden.

Kochbücher und Rezepte. Meine Mutter hat selten nach Kochbüchern gekocht. Meistens haben uns einige wichtige Zutaten gefehlt, so dass wir die Gerichte immer wieder auf das reduziert haben, was wir sowieso beim letzten Einkauf mitgebracht haben. In unseren drei Kochbüchern haben wir meistens nur die Bilder angeschaut. Das schönste war ein vegetarisches Vollkornkochbuch, das wir oft durchgeblättert haben. Manchmal haben wir versucht, Rezepte mit den Zutaten, die wir am ehesten da hatten, nachzukochen. Wir hätten uns vielleicht ein bis zwei der fehlenden Zutaten pro Einkauf leisten können. Aber nie alles auf einmal. Allein die Entscheidung, mit welchem Rezept man hätte anfangen sollen, war irgendwie zu schwer. Erst im Studium habe ich ein paar Rezepte ausprobiert.

Einkaufen. Meine Mutter behauptet, dass wir immer Selterswasser und Johannisbeersaft zu Hause hatten. Meiner Erinnerung nach war beides immer ziemlich schnell aufgebraucht. Und mehr als zwei bis drei Flaschen konnten wir mit der Rolltasche auch gar nicht transportieren.

*

Wenn ich meine Mutter heute nach solchen Details frage, dann fühlt sie sich schnell in die Ecke gedrängt. Obwohl ich ihr nie Vorwürfe machen will. Ich glaube, dass das Gefühl, sich für etwas verteidigen zu wollen, das man nach bestem Wissen gemacht hat, aber nie zur eigenen Zufriedenheit tun konnte, sehr unangenehm sein muss.

In unseren Gesprächen erfahre ich heute noch Einzelheiten, über die ich mir vorher nie Gedanken gemacht habe. Tomaten hatten wir immer im Haus. Beide mögen wir Tomaten sehr gern. »Davon kannst du so viel essen, wie du willst«, hat sie immer gesagt. Sie selbst hat sich dafür zurückgehalten. Sie hat für mich etwas gekocht und dann die Reste gegessen. Im Nachhinein kommt es mir doch komisch vor, dass meine Mutter immer so kleine Portionen aß und dann behauptete, satt zu sein. Aber sie hat das, solange ich mich erinnern kann, stur durchgezogen. Meiner Meinung nach wäre das nicht nötig gewesen. Hätte ich nicht davon profitiert, ein waches Bewusstsein dafür zu entwickeln, wie wir leben? Ich hätte meiner Mutter mit Essen eine Freude machen können, anstatt krampfhaft nach einem Geschenk zu suchen, das ihr dann nicht gefällt, wie mein Strauß Moosröschen, den ich ihr einmal zum Muttertag geschenkt habe. Essen hätte zu einer ganz anderen Verbundenheit führen können, wenn sie mich einbezogen hätte. Oder bilde ich mir das ein? Was sicher ist, verhungert wären wir nie.

Wenn sie kochte, drehte sich alles um mich und meine Essgewohnheiten oder Vorlieben. Nie ging es darum, was sie gern aß. Als ich in der Grundschule Vegetarierin wurde, zusammen mit einer Freundin, hat meine Mutter kein Fleisch mehr für sich selbst gekauft. Wir hatten es auch vorher nicht oft auf dem Tisch. Sie hat eine Zeitlang versucht, die Küche auf etwas anderes Gemüse umzustellen. Aber das mochte ich nicht. Und weil sie das nicht nur für sich selbst kochen wollte und Angst hatte, sie müsste das Essen womöglich wegwerfen, hat sie auf diese Abwechslung fortan verzichtet. »Zum Experimentieren war nicht genug Geld da«, sagt meine Mutter im Rückblick. Zum Experimentieren hätten damals zum Beispiel Zucchini oder Aubergine gehören können. Die gab es kaum bei uns. Dafür immer neue Variationen von Haferflockenplätzchen. Die mochten alle meine Freundinnen, nur ich nicht.

Und es gab immer Äpfel. Wenn wir unterwegs waren, hatte meine Mutter grundsätzlich eine Flasche Wasser oder Tee dabei, Pfefferminzbonbons und Äpfel. Wenn ich quengelte, ich wolle »etwas Leckeres« haben, sagte sie: »Iss doch einen Apfel!« Daraufhin habe ich irgendwann nur noch das Gesicht verzogen. Den Korb mit den hellgrünen Äpfeln – meine Mutter kaufte immer Granny Smith – hatte ich schon lange als »nicht lecker« abgestempelt. Keine Überredungskunst meiner Mutter konnte meine Geschmacksnerven wieder dazu bringen, die sauren Dinger zu mögen. Sie verlangten nach Butterkeksen mit Schokoladenüberzug, nach Schokorosinen oder weichen Nougatpralinen.

Irgendwann hat meine Mutter exotische Früchte für sich entdeckt und immer mal wieder eine mit nach Hause gebracht. Wenn sie ein solches ihr bis dahin fremdes Obst erstanden hatte, kam sie damit ins Zimmer und verkündete, wobei sie den Namen der Frucht oft staunend in die Länge zog: »Guck mal, ich habe eine Naaaashi-Birne gekauft!« Und fügte dann ehrfürchtig hinzu: »Aus Israel!« Manche Früchte stehen für Sehnsuchtsorte, die sie nie hat besuchen können, andere einfach für Herkunftsländer, in denen Früchte üppig wachsen, für Sonne, Weite, fruchtbare Landschaften. Über Beelitzer Spargel existieren meines Wissens keine Gedichte. Je weiter weg, je südlicher und exotischer, desto faszinierender sind die Früchte – als kämen sie aus einer anderen Welt, die wir vielleicht nie besuchen werden, aber aus Büchern, dem Fernsehen und der Zeitung kennen. Wenn meine Mutter eine besondere Frucht kauft, will sie mir immer noch ein Stück aufheben, obwohl das für mich nichts so Besonderes ist. Ich esse sie lieber dort, wo sie wachsen, hier schmecken sie mir oft nicht. Aber meine Mutter hat sich so daran gewöhnt, alles, was sie für gut hält, zuerst für mich zur Seite zu legen.

⋆

Fastfood. Wenn wir uns mal etwas Besonderes gönnten, haben wir das geradezu zelebriert. Schon kleine Dinge waren für uns »etwas Besonderes«. So haben wir uns schließlich, nach langem Hin und Her, eines Tages einen Döner geleistet. Dabei haben wir lange debattiert, in welchem Döner-Imbiss wir den holen sollten. Auch die Wahl der Dönerbude kann eine langwierige Entscheidung sein. Wenn der Döner nicht schmeckt, ist die Enttäuschung groß, zumal man nicht jeden Tag einen kaufen kann. So werden die einfachsten Dinge auf einmal sehr kompliziert.

Ich war nie besonders scharf auf McDonald's oder Burger King. Aber wenn ich einen anstrengenden Tag hatte oder mir etwas gönnen möchte, dann gehe ich einen Cheeseburger essen. In jeder Stadt gibt es einen besonderen Imbiss, in Berlin gehe ich immer nach Kreuzkölln in die Schönleinstraße. Nirgendwo schmeckt mir der Burger so gut wie dort, und fast nirgendwo ist er so billig wie dort. Es ist eine ganz gewöhnliche Imbissbude, oft bin ich die einzige Frau dort, sonst kommen fast ausschließlich Türken, die ihre Bestellungen mit dem Auto abholen, während ich auf meinen Burger warte.

Meine Mutter und ich haben uns im Supermarkt manchmal die weichen Hamburgerbrötchen gekauft, um sie zu Hause mit Gemüse und Käse zu belegen. Meinen ersten richtigen Cheeseburger hat sie mir in Kreuzberg gekauft, als ich noch an ihrer Hand ging. Den gekauften Burger aus dem Papier zu wickeln, das warme, labberige Ding und die Vorfreude auf den Geschmack der sauren Gurke in der Mitte, ließen mir das Wasser im Mund zusammenlaufen. Aber ich hatte kaum abgebissen, da stolperte ich an der Ampel. Mein kostbarer Burger fiel mir aus der Hand auf die Straße und ich durfte ihn nicht weiteressen. Bis zum nächsten hat es viele Jahre gedauert.

KAPITEL FÜNF

Klassenkampf oder Stille Wasser sind tief

Handelt von Schultüten und Hausaufgaben, von peinlichen, aber auch erhellenden Tagebucheinträgen, von Selbstzweifeln und von der Weigerung meiner Mutter, auf Elternabende zu gehen.

Wenn ich heute meine Tagebücher aus der Schulzeit durchblättere, kriechen gemischte Gefühle in mir hoch: Peinlichkeit, Überraschung und Resignation. Weil darin genauestens dokumentiert ist, wie sehr ich mich nach Aufmerksamkeit gesehnt habe. Und wie sehr ich mich habe mitreißen lassen von dem christlichen Enthusiasmus meiner freievangelischen Kirchengemeinde, voller Hallelujahs und »Jesus ist bei mir«. Peinlich!

Aber meine alten Texte überraschen mich auch, weil sie mir zeigen, dass ich schon mit fünfzehn Jahren in der Lage war, meine Urängste und mein Gefühl ständigen Scheiterns so präzise zu formulieren, dass ich mich heute noch erwischt fühle. Ich bemerke auch, wie sehr ich mich in eine Phantsiewelt wegträumen wollte, Identitätsangebote und Identifikationsfiguren gesucht habe. Teilweise sind das sicherlich normale pubertäre Nöte, und doch kam bei mir noch etwas anderes hinzu. Wie ich andere bewundert habe, ohne auch nur im Geringsten zu verstehen, dass die

Souveränität, Schönheit und Unbeschwertheit, um die ich meine Freundinnen so beneidet habe, sich auch den unterschiedlichen finanziellen Lebensumständen verdankten. Ich dachte, die sind einfach so. Der Umkehrschluss musste lauten, dass ich nicht so bin. Ich habe versucht, an mir zu arbeiten, mich zu verbessern.

In vielen Tagebucheinträgen erkenne ich aber auch, dass es damals wie heute noch die gleichen Windmühlen sind, gegen die ich innerlich kämpfe. Immer geht es dabei um Geringschätzung meiner eigenen Arbeit, um den Wunsch, dazugehören wollen. Dabei war ich, als ich mit 16 Jahren nach Schweden zog, gerade dabei, mich endlich einmal mit meinen Zukunftsplänen zu befassen. Mein Tagebuch hält das eindeutig fest.

Begonnen hat mein Windmühlenkampf schon am ersten Schultag. Für mich war das ein trauriger Tag. Dabei war sogar mein Vater einmal pünktlich gewesen und ich hatte eine richtige Schultüte bekommen – weiß mit grünen Bäumen drauf. Darin steckten zur Feier des Tages Chocolate-Chips, die gab es nur selten bei uns, ein Taschenrechner und das, was sonst so in Schultüten ist, bunte Stifte, eine Federtasche und einige Süßigkeiten. Ich hatte meinen dunkelgrauen Lieblingsjogginganzug angezogen, weil ich mich darin gut und sicher fühlte – bis wir in die Schule kamen und ich die anderen hübsch zurechtgemachten Kinder sah. Ich kannte niemanden auf der neuen Schule, meine Freundinnen waren weit weg in Kreuzberg. Als alles vorbei war, spürte ich nichts als Erleichterung.

Fast wäre ich auf einer Waldorfschule in der Nähe unserer alten Kreuzberger Wohnung gelandet. Die Lehrerinnen dort waren sehr freundlich, als ich den Eignungstest machte, eine Phantasiereise. Das hat mir gefallen. Mein Sandkastenfreund war bereits seit einem Jahr dort. Die Schule hätte mich gern genommen, aber da hatte meine Mutter schon entschieden, dass wir umziehen, die Zusage aus Spandau war früher gekommen.

Auf der Schule hatte ich bald drei Freundinnen. Am häufigsten war ich mit Sabrina zusammen. Die Decken ihrer Altbauwohnung waren höher als die der meisten Wohnungen in Spandau, Sabrinas Zimmer ging ins Wohnzimmer über, wo eine Hängematte hing, im Flur stand die vollständige Sammlung aller Asterix-Hefte, an den Fenstern hingen Traumfänger und es gab viele Dinge aus Dritte-Welt-Läden, aus Ecuador, Guatemala und Peru. Und zum Essen gab es immer Vollkornbrot und Biomilch. Ihre Mutter war eine Anti-AKW-Aktivistin, die eine Volkstanzgruppe leitete und keinen BH trug. Ihre weiten aquamarinblauen T-Shirts boten einen freizügigen Blick auf Achselhaare und einen recht großen Busen. Wenn ich bei Sabrina übernachtete, sah ich, dass ihre Mutter und ihr Freund nackt schliefen. Sie hatten das Durchgangszimmer. Eine beängstigend freie Frau!

Sabrinas Oma und Opa wohnten gegenüber von uns. Sabrina und ich waren nach der Schule oft dort, da gab es Milka-Schokolade und einen Fernseher. Nach der Schule liefen hier Bonanza und McGyver. Im Hof gehörte ihnen ein kleiner Garten und daneben gab es einen Spielplatz, wo wir viel Zeit verbrachten. Fernsehen konnte ich eigentlich nur bei Freunden. Als ich in der vierten Klasse war, wanderte unser Fernseher in den Keller. Er sei kaputt, behauptete meine Mutter, sie habe beim Transport die Rückwand eingedrückt. Richtig geglaubt habe ich das nicht, aber der

Fernseher war verschwunden und es machte keinen Sinn, darüber zu lamentieren. Später auf der Oberschule haben mir Klassenkameraden aus Mitleid wiederholt einen ausgedienten Fernseher angeboten. Meine Mutter hat jedes Mal abgelehnt.

Ich habe mich von der ersten Klasse an versteckt. In meinen Zeugnissen stand immer das Gleiche: »Undine ist eine ruhige, in sich gekehrte Schülerin. Sie folgt dem Unterricht mit Interesse.« Dem folgte meist ein Satz, der ungefähr so lautete: »Am Unterrichtsgespräch beteiligt sie sich nur zögernd und nutzt ihre Fähigkeiten nicht genügend.«

Im zweiten Jahr hatten wir eine Hausaufgabe, an die ich mich gut erinnere. Wir sollten uns Dialoge zu einigen Bildern einfallen lassen, die in die leeren Sprechblasen geschrieben wurden. Mir ist nichts eingefallen. Meine Mutter wollte mir helfen, aber ihre Vorschläge klangen in meinen Ohren alle peinlich. Ich wollte weder das Erwartbare schreiben, noch etwas so Besonderes schreiben, dass ich gleich als »anders« auffallen würde. Schließlich schrieb ich etwas, das zu meiner Welt passte, und war ganz zufrieden damit. Aber am nächsten Tag in der Schule schämte ich mich so für meine Dialoge, dass ich mich nicht traute, sie vorzulesen. Ich war mir sicher, dass meine Sätze komisch klangen. Ich habe dann lieber gesagt, dass ich die Hausaufgaben nicht gemacht habe.

»Du willst alles perfekt machen, das geht aber nicht«, haben mir Bekannte, Lehrer und meine Mutter später oft gesagt. Vielleicht gab es von Anfang an eine Angst zu versagen, »die Angst vor der Angst«, wie man so schön sagt, die ich oft nicht überwinden kann. Ich war in meiner Schulzeit immer die Stille. »Stille Wasser sind tief und schmutzig«, haben meine Klassenkameraden gern zu mir gesagt.

Dabei wäre ich am liebsten durch Leistung und Talent aufgefallen. Aber sobald jemand mich lobte oder kritisierte, wollte ich immer gleich im Boden versinken. Zum Beispiel hat mich eine Sportlehrerin in der Grundschule dafür gelobt, dass ich in der Turnhalle so leise gehen konnte, dass nur das Knarren der Holzdielen, aber keine Schritte zu hören waren. Ich war einerseits stolz auf das Lob und andererseits beschämt, den Jungs nun als Vorbild angedient zu werden, die alle eine Runde hinter mir herlaufen sollten.

Schulsport mochte ich ohnehin nicht. Die schweißgeschwängerte Luft im Umkleideraum, die beschämend weißen Käsebeine und meine Unterhosen, die meistens verwaschen waren und aus dem Zehnerpack von C&A stammten – all das machte jede Sportstunde schon vorab zur Qual.

Manchmal habe ich in meiner eigenen Welt gelebt und mich nicht um die Meinung anderer gekümmert, allerdings nur bis zu dem Moment, in dem jemand etwas zu mir gesagt hat. Einmal wollte ich einen schicken Gymnastikanzug haben, andere in der Klasse hatten so einen. Mein rosa Balletttrikot eignete sich wegen der Rüschen nicht für den Sportunterricht. Aber vielleicht mein pinkfarbener Badeanzug mit dem blauen und dem gelben Streifen auf der Brust. Der, fand ich, sah doch genauso aus wie ein Gymnastikanzug in den Tanzfilmen. Also zog ich ihn zum Sport an. Als ich damit in der Turnhalle aufkreuzte, schallte es sofort aus einer Ecke: »Das ist ja ein Badeanzug!« Ich habe ihn nie wieder zum Sport angezogen.

In den Schulpausen war ich meistens mit einer meiner

Freundinnen zusammen. Im vertrauten Kreis konnte ich vergessen, dass viele Kinder auf dem Schulhof waren, dass ich mich ständig beobachtet fühlte, weil meine Klamotten nicht gut saßen, meine Haare mir fettig erschienen oder meine Stirn wieder angefangen hatte zu glänzen. Ich fühlte mich hässlich. Am hässlichsten immer an dem Tag, an dem der Schulfotograf kam.

Ich war zu schüchtern, um mit fremden Kindern Gummihopsen oder Springseil zu spielen. Einmal haben mich Kinder abends zum Spielen abgeholt. Es ging ums Versteckspiel. Aber ich kannte die Regeln nicht. Der Abend war für mich wie eine Aufnahmeprüfung. Dabei ist das Spiel ganz einfach. Hat man einen Mitspieler gesehen, rennt man an den Ausgangspunkt zurück und ruft laut dessen Namen. Jeder kennt das. Es gibt nichts zu verstehen, man muss es nur machen. Aber ich kann auch nicht laut rufen. Als ich Andreas hinter der Hauswand sah, habe ich lieber so getan, als sähe ich ihn gar nicht, anstatt zu rennen und laut »Andreas« zu rufen. Ich bin in einer solchen Situation wie paralysiert. Megagehemmt. Nichts ist in dem Moment so schlimm, wie rennen zu müssen und zu schreien. Ich sehe mich lieber verlieren. Ich weiß nicht, wovor ich Angst habe. Dass ich mich nicht rühren kann oder es nicht tue, empfinde ich als Versagen, als großes unverzeihliches Versagen, mit dem ich mir Lebenschancen verbaue. Aber ich kann nicht. Prüfung nicht bestanden.

Ich bin nicht gern zur Schule gegangen und meine Mutter nicht gern zu Elternabenden. Am ersten Abend erzählte sie von dem Vater meiner Freundin, der für die SPD tätig war, und einer Mutter, die sich in der Arbeiterwohlfahrt engagiere. Die beiden wurden zu Elternsprechern gewählt.

Alle anderen sind nach dem Elternabend noch etwas trinken gegangen, für meine Mutter war das nichts. Einmal ging sie mit und fühlte sich dabei wie ein Fisch auf dem Trockenen. Die zupackende Fröhlichkeit anderer Mütter und Väter blieb ihr fremd. Dabei hatte ich insgeheim gehofft, sie würde dort vielleicht einmal Anschluss, Freunde finden, um irgendwo dazuzugehören. Aber meine Mutter wollte nicht. Sie konnte mit den anderen nichts anfangen und hatte auch kein Geld für solche Aktivitäten.

Tage, an denen ich nicht zur Schule gehen musste, sondern zu Hause bleiben durfte, weil es mir schlechtging, waren für mich richtige Festtage. Dann konnte ich im Bett bleiben, schlafen und meine Abenteuerromane lesen oder die morgendliche Lesung auf Deutschlandradio Kultur hören. Meine Mutter hat mich liebevoll gepflegt, hat frisches Obst, Gemüsesaft und Cola eingekauft, weil der Kinderarzt gesagt hat, dass ich bei Fieber Cola ohne Kohlensäure trinken könne. Manchmal hat sie mir sogar ein Comic-Heft mitgebracht oder eine neue Hörspielkassette, Huckleberry Finn oder Peter Pan. Die konnte ich auf meinem Kassettenrecorder hören, den mir mal ein Handwerker geschenkt hatte, der unsere Wohnung renovierte. Und einmal hat mir meine Mutter einen Strauß duftender Lilien ans Bett gestellt. Wenn das Fieber hoch war, hat sie mir Wadenwickel gemacht und Waschlappen auf die Stirn gelegt. Nie fühlte ich mich so sicher wie in diesen Stunden.

Ich durfte ab 37 Grad zu Hause bleiben. Meine Mutter, die ehemalige Krankenschwester, nahm es mit diesen Grenzen, die sie in ihrer Ausbildung gelernt hatte, sehr genau – ich hingegen pochte nur darauf, wenn es um die

Schule ging. Zum Ballett oder zur Kirche oder zu einer besonderen Einladung von Freunden ging ich auch mit Fieber. Darüber gab es manchmal Streit. Manchmal aber hat meine Mutter einfach ein Auge zugedrückt und mich gehen lassen. Nicht ohne mir anzudrohen, dass ich dann auch am nächsten Tag in die Schule müsse.

Je älter ich wurde, desto öfter habe ich versucht, zu Hause zu bleiben. Leider hat man in späteren Jahren nur noch selten Fieber. Manchmal, wenn es mir seelisch oder körperlich schlecht ging oder ich einfach extrem mürrisch war, hat meine Mutter nichts gesagt und mir dann einen Entschuldigungszettel geschrieben. »Undine war indisponiert«, stand da. Das kam nicht so oft vor, war aber schon etwas peinlich. Kein Lehrer hat etwas gesagt. Ich war sicher, dass keine andere Mutter ihrem Kind so etwas auf den Entschuldigungszettel schrieb und dass die Lehrer wussten, dass ich einfach geschwänzt hatte.

*

Mein größtes Problem während der Schulzeit aber war das Zuspätkommen. Meine Mutter hat mich jeden Morgen geweckt, mein Frühstück gemacht. Immer wenn ich losmusste, begann gerade die morgendliche Lesung von Marcel Prousts »Auf der Suche nach der verlorenen Zeit«. Ich wollte, solange es ging, der Stimme des Radiosprechers lauschen und auf keinen Fall zu früh zur Schule losgehen. Das hätte ja bedeutet, dort eine Minute länger als nötig zu verbringen. Also kam ich immer in der allerletzten Sekunde, gerade noch rechtzeitig. Irgendwann aber nicht mehr rechtzeitig genug.

Es war ein Dilemma. Eins von diesen, die von außen so einfach zu lösen sind: bloß einige Minuten früher losgehen. Aber in der Praxis stellte sich dieses Vorhaben als undurchführbar heraus. Manchmal war mir meine Dauerverspätung so peinlich, dass ich vor der Tür des Klassenraums stehengeblieben oder gar umgedreht und auf den Friedhof geflüchtet bin. Dort habe ich ein paar Stunden gesessen und auf die Gräber mir unbekannter Menschen geschaut und mir dabei vorgestellt, ich müsste nie zurück, ich könnte immer weitergehen ins Unbekannte. Einmal habe ich meine Sportlehrerin auf dem Friedhof gesehen und mich hinter den Büschen versteckt. Meiner Mutter habe ich es später erzählt. Sie hat mir keine Standpauke gehalten, sondern mich gefragt, warum ich weggelaufen sei. Ich war dankbar für ihr Verständnis, und doch hätte ich mir gewünscht, dass mir jemand zeigt, wie ich mit solchen Ängsten umgehen kann. Eine solche Person aber gab es nicht.

Selbst Jahre später während des Studiums konnte ich meine Ängste in solchen Situationen noch nicht überwinden. Einmal habe ich eine Klausur, für die ich Monate lang gelernt hatte, nicht nachgeschrieben, weil ich fünf Minuten nach Beginn der Klausur vor der Tür stand und die Klinke nicht hinunterdrücken konnte. Ich habe damals lieber einen neuen Kurs besucht und eine Hausarbeit geschrieben, als in diesem Moment meine Feigheit zu überwinden. Dabei hatte ich den ganzen Sommer über gelernt. Das war jedoch das letzte Mal, dass ich vor einer verschlossenen Tür umgedreht bin.

*

In der fünften Klasse kam Latein als Plage hinzu. Meine Leistungen schwankten, mal war ich gut, mal sehr schlecht. Deutsch war eins meiner besten Fächer, in Mathe schaffte ich immerhin eine drei, für Latein brachte ich bald keine Begeisterung mehr auf und war zu faul zum Vokabeln lernen. Man konnte die Sprache nicht anwenden, aber meine Klassenlehrerin hatte mich unbedingt für das Fach gewinnen wollen. Ich war eine ihrer Lieblingsschülerinnen und sie traute mir etwas zu und gab sich viel Mühe mit mir. Auf einer Klassenfahrt hat sie mir zum Geburtstag einen Abenteuerroman über einen kleinen Jungen im alten Rom geschenkt. Ich habe mit meinen Klassenkameraden gewettet, dass ich das Buch vor der Ankunft in Berlin ausgelesen haben würde, und die Wette mühelos gewonnen. Ich war die schnellste Leserin der Klasse. Ich hatte nie Feinde in der Schule, wurde nie gemobbt, trotzdem fühlte ich mich in der Klasse, im Unterricht und in den Pausen oft wie ein Stück Holz. Stand ich im Mittelpunkt der Aufmerksamkeit, ging mein Puls hoch und ich fühlte einen enormen Druck auf mir lasten.

Auf dem Gymnasium missfiel mir der elitäre Stolz, den manche Lehrer predigten: »Ihr seid auf dem besten Gymnasium weit und breit«, sagten sie. Das machte mich bockig. Gleich nebenan war die Realschule. Ich gehöre ohnehin nicht zu den Besten, dachte ich mir, vielleicht sollte ich besser auf die Realschule gehen. Und setzte diesen Entschluss auch gegen meine Mutter durch, die das als Albtraum empfand. Aber der Unterricht dort langweilte mich bald, meine Noten waren auch nicht unbedingt besser und nach einem Jahr wollte ich zurück aufs Gymnasium. Ich kam auf die Gottfried-Keller-Oberschule in Charlottenburg.

Dort traf ich wieder auf einen Lehrer, der sich bemühte, mich besser in die Klassengemeinschaft zu integrieren. Herr Hagebutt war sehr groß, sehr dick und sehr rosa im Gesicht. Ich mochte ihn überhaupt nicht. Er unterrichtete Deutsch und wollte ständig mit mir über Bertolt Brecht und Gerhart Hauptmann diskutieren. Die mochte ich auch nicht, obwohl ich mit ihnen mehr anfangen konnte als die meisten in meiner Klasse. Herr Hagebutt hat mich immer wieder davor gewarnt, mich selbst aus der Klasse auszuschließen. Ich könne mit ihm über alle Probleme reden. Ich fühlte mich dadurch angegriffen, machte völlig zu und antwortete nur trotzig: »Was soll schon sein?« Schließlich wusste ich ja selbst nicht genau, warum ich so unzufrieden war. Und selbst wenn ich es gewusst hätte, hätte ich mir lieber die Zunge abgebissen, als ihm etwas von mir zu erzählen. So habe ich damals gedacht.

Ich fühlte mich nicht »ausgeschlossen«, im Gegenteil: Wer bei mir irgendein Talent zu fördern wusste, wie beispielsweise mein Musiklehrer, hat mich ermutigt. Ich hatte meine Inseln. In der Schülerzeitung gehörte ich bald zur Kernredaktion. Aber eigenständig meine Chancen wahrzunehmen, dazu war ich unfähig. Und Unterstützung bekommt man nur dort, wo man explizit danach fragt. So können viele Dinge das Wesentliche überdecken und davon ablenken. Familienprobleme zum Beispiel. Aber habe ich ein Recht, mich zu beschweren, weil ich nur die Hälfte von dem geleistet habe, was ich hätte leisten können?

KAPITEL SECHS

Der Träumer

In dem mein Vater oft zu spät kommt, ich ihm trotzdem eines Tages eine Zigarette anzünde und er nach Moskau und Afghanistan reist, obwohl er sich schon für einen »Tattergreis« hält.

Mein Vater war der mürrischste Taxifahrer in ganz Berlin, garantiert. Er sei nach dem zweiten Semester Politik an der Freien Universität Berlin »auf der Taxe hängen geblieben«, sagt er. Dabei hasste er den Job. Ich konnte mir nie recht vorstellen, wie er dann überhaupt damit Geld verdienen konnte. Ein Taxifahrer, der andere Menschen nicht mag? Wie soll das gehen? »Immer dieses Gewäsch, das ich mir anhören muss«, meckerte er. »Im Winter erzählen mir die Leute, dass es kalt ist, und im Sommer, dass es warm ist, an verregneten Tagen höre ich: ›Hach, ist das ein Wetter!‹.«

Vorn bei ihm durfte keiner sitzen. Die Standardfrage der Fahrgäste, wie das Geschäft denn laufe, quittierte er mürrisch: »Über Geschäfte redet man nicht, Geschäfte macht man.« Ansonsten grummelte er so unfreundlich wie möglich vor sich hin, damit die Fahrgäste verstanden: Der hier will nicht reden. Dabei mag mein Vater intelligente Gespräche. Seine besten Fahrgäste der letzen 30 Jahre lassen sich an einer Hand abzählen: ein Geologie-Professor, der meinen Vater mit seinen Kenntnissen die ganze Fahrt lang begeistern konnte, Günter Grass mit Sohn und Sebastian Haffner.

Aber wer erwartete schon, mit diesem grauhaarigen Wuschelkopf intelligente Gespräche führen zu können? »Das ist meine Form von Protest«, sagt mein Vater immer, wenn man ihn auf seine wirren grauen Locken anspricht, an die er niemanden Hand anlegen lässt. Protest gegen alles, was sein Leben trist macht: Hartz IV, vorenthaltene Chancen und die Erwartungen der Normgesellschaft, zu der er nicht passt. Früher habe ich immer darauf gehofft, seine Locken zu erben.

Jetzt wohnt er in einer Siedlung am Berliner Stadtrand. Dort gibt es einen Garten, junge Familien, ältere Menschen und Menschen mit Behinderungen wie meinen Vater. Seit drei Jahren lebt er rollstuhlgerecht. In der Wohnung kann er schlurfend alles selbst erledigen. Nur greifen kann er nicht mehr besonders gut, seine Finger sind steif und taub. Mit verzweifeltem Ehrgeiz stopft er Tabak in Zigarettenhülsen mit einem Gerät, das fünf Stück auf einmal schafft. Seine Brote lässt er sich lieber von den Pflegedienst-Schwestern streichen, die jeden Tag vorbeischauen und ihm mit dem Haushalt und den Einkäufen helfen.

Er war schon vor dem Unfall nicht mehr ganz beweglich, aber seit der Operation ist es schlimmer geworden. Er kann allein zur Toilette gehen, aber tragen darf er fast nichts, und Fahrradfahren und Schwimmen hat sein Körper verlernt. Wenn er rausgeht, wird er schnell müde, über Kraftreserven, auf die er sich verlassen kann und die ihn zur nächsten Bank tragen, verfügt er nicht mehr. Für den Rollator ist er zu eitel, für kurze Strecken nimmt er meist den Stock, für längere, wie den Einkauf, den Rollstuhl.

Tagsüber hockt er die meiste Zeit in der Küche, füllt seinen Zigarettenvorrat auf und trinkt Kaffee. Im Fernsehen guckt er sich gern Dokumentationen an oder Filmklassiker mit deutschen Darstellern, die in seiner Jugend berühmt waren. Oder er sitzt vor dem Computer. Mit der Hand schreibt er kaum mehr, es dauert zu lange. Seine Buchhaltung, mit der er seine Einnahmen kontrolliert und seine Ausgaben kalkuliert, hält er in einer Excel-Tabelle fest. Er hofft darauf, dass das Minus irgendwann langsam abschmilzt, aber jedes Jahr kommt irgendwas dazwischen.

Mein Vater ist ein Leckermäulchen, obwohl er regelmäßig auf seinen gewachsenen Bauch hinweist. Früher hat er immer noch hinzugefügt, dass andere Männer in seinem Alter doch viel schlimmer aussähen. Das ist ungefähr zehn Jahre her. Jetzt bezeichnet er sich als »Tattergreis mit Wampe«. Dabei wollte er noch so viel unternehmen, aber dann kam der Unfall dazwischen. Mit dem Stock mag er partout nicht in ein Café oder abends mal in ein Lokal gehen – abgesehen davon, dass das Geld eh nicht da ist. Hat er insgeheim gehofft, doch noch einmal eine Frau kennenzulernen? So eingeschränkt und schlapp wie er sich seit der Operation fühlt, hält er das für ausgeschlossen. Und nun ist das ohnehin passé, denn demnächst wird er auch noch zum »zahnlosen Greis«. Er trägt schon lange ein Gebiss, aber jetzt müssen auch noch die letzten Zähne raus. Er ekelt sich davor, sich selbst als alten sabbernden und nuschelnden Mann zu sehen.

Seine größte Sorge neben dem Geld ist, dass sein Google Earth seit dem letzten Update nicht mehr richtig läuft. Das Laden dauert ewig. Mein Vater hat schon drei Computerspezialisten beauftragt, den Fehler zu finden, obwohl er sich eine solche Ausgabe eigentlich gar nicht leisten kann. Sie haben ihn alle drei auf dem Problem sitzenlassen. Dabei hängt er an Google Earth. Sehr sogar. Denn damit kann er sich seinen Lebenstraum erfüllen: das Reisen. Er sucht sich eine Tour aus, zum Beispiel nach China, und zoomt sich dann so nah wie möglich an die Straßen heran, nimmt seinen Joystick in die Hand und fährt los. Am liebsten hätte er ein Lenkrad wie für eine Spielkonsole. Als ich ihn einmal mit einem Freund aus Afghanistan besuchte, ist er so lange herumgesurft, bis er schließlich dessen Haus in Kabul gefunden hat. Er hat es mit einer Markierung versehen. Seitdem weiß ich, dass die Häuser in Afghanistan mit großen Innenhöfen ausgestattet sind, in denen sich oft ein Obstgarten befindet und Hühner herumlaufen.

Mein Vater gestaltet diese virtuellen Reisen wie andere ihren Urlaub. Er hält sich an Zugfahrpläne oder Autorouten, er schaut sich unterwegs Gebäude, die Landschaft oder Sehenswürdigkeiten an und schickt eine Unmenge Fotos von Orten, an denen er nie war. Alles aus dem Netz. Vermutlich würde er sich tatsächlich in Moskau oder Istanbul zurechtfinden. Ob er ein Hotelzimmer bekommt, wenn er vorher nicht gebucht hat, lost er aus. Mit einem Spiel, Minesweeper. Verliert er, zieht er weiter. Natürlich führt er eine strenge Reisekasse. Wenn der Computer abstürzt, heißt das, dass sein Auto kaputt ist. Dann rechnet er die Zeit ein, bis die Ersatzteile kommen. Mein Vater lernt viel über die Orte, an denen er »war«. Er hat immer etwas zu berichten. »Erzähl das bloß keinem! Die denken doch, ich spinne«, sagt er selbst über seine Google-Earth-Leidenschaft.

*

Mein Vater und ich haben uns wiederholt mehrere Jahre nicht gesehen und nicht miteinander gesprochen. Das erste Mal, als ich etwa fünfzehn war. Er hatte meine starke Bindung zu einer Berliner Freikirche kritisiert. Das tat meine Mutter zwar auch, aber bei meinem Vater hatte ich vorher meine Ruhe gehabt, er hatte sich nie in das, was ich tat, eingemischt. Und dann das! Länger als ein Jahr sahen wir uns nicht. Mit sechzehn ging ich dann für drei Jahre nach Schweden und damit kam der Kontakt vorübergehend fast vollständig zum Erliegen.

Das zweite Mal stritten wir uns, als ich schon Mitte zwanzig war. Er hatte mir helfen wollen. Meine Vögel mussten zum Tierarzt, ich brauchte ein Auto, musste zur Arbeit und wollte mir 20 Euro von ihm leihen. Es gab Theater wegen des Geldes, ich war ohnehin schon zu spät dran, die Straßen waren verstopft und meiner Meinung nach fuhr mein Vater, der doch Taxifahrer war, die denkbar ungünstigste Strecke vom Alexanderplatz zum Kurfürstendamm. Er schimpfte wie ein Rohrspatz, über meine schlechte Planung, über den Verkehr, über meine Drohung, auszusteigen und die U-Bahn zu nehmen, und dann kamen auch noch alte Geschichten hinzu. Ich wollte mich nicht beschimpfen lassen und habe alles, was mein Vater in dieser Situation sagte, als persönliche Kritik aufgefasst. Nach diesem Tag haben wir wieder über ein Jahr lang kaum miteinander geredet. Es gab einfach nichts zu sagen. Bis eines Tages wiederholt eine unbekannte Nummer auf meinem Handy auftauchte. Eigentlich rufe ich in solchen Fällen nicht zurück, tat es diesmal aber doch. Niemand meldete sich. Fünf Tage später war die Nummer wieder mehrfach auf meinem Display zu erkennen.

Ich rief zurück und erreichte meinen Cousin Markus, den ich bisher nur einmal in meinem Leben gesehen hatte. Schön, dass ich zurückriefe, sagte er, mein Vater liege seit knapp einer Woche im Krankenhaus, er sei an den Halswirbeln operiert worden. Man hätte versucht, mich zu erreichen, denn mein Vater könne sein Handy nicht selbst bedienen. Ich war aufgebracht, sorgte mich um meinen Vater und war wütend auf seine Familie. Mein Vater hatte die Telefonnummer von meinem Arbeitsplatz, er hätte seiner Familie meine Adresse sagen oder jemand hätte meine Mutter kontaktieren können. Aber niemand hatte auf meinen Anrufbeantworter gesprochen, niemand eine SMS geschickt. Mein Cousin reagierte gekränkt auf meinen Vorwurf und tat am Telefon so, als sei nichts Besonderes passiert. »Es geht ihm ganz gut«, meinte er. Dabei hätte mein Vater in diesen Tagen sterben können. Vermutlich hätte seine Familie mir dann eine Einladung zur Beerdigung geschickt und mir bedauernd mitgeteilt, dass sie mich eben nicht eher erreicht hätte. »Das ist doch mein Vater und der Einzige, den ich habe«, dachte ich. Ich hatte zum ersten Mal Angst um ihn.

Ich raste ins Klinikum Steglitz, ohne genau zu wissen, was mich erwartete. Würde mein Vater sich überhaupt freuen, mich zu sehen? War ihm seine Familie nicht vielleicht viel näher als ich, die Tochter, das Nebenprodukt eines gescheiterten Eheversuchs? Ich zweifelte bis zur Tür des Krankenzimmers. Mein Vater lag im Bett, und als er mich sah, kamen ihm die Tränen. Sein Blick sagte alles, was er mir, seiner einzigen Tochter, nie hatte sagen können. Gefühle, besonders Zuneigung, auszudrücken gehört einfach nicht zu seinem Repertoire. In dem Moment habe ich verstanden, wie wichtig ich für ihn bin. Er konnte nicht allein aufstehen, er brauchte plötzlich meine Hilfe, er war der Schwache, der Dankbare, ich die Starke. Das war befreiend für uns beide. Seitdem sind wir Verbündete. Ich habe ihm im Krankenhaus die erste heimliche Zigarette auf dem Treppenhausflur angezündet. Er nahm einen tiefen Zug. Das war sein erster Ausflug aus dem Krankenbett. Ich habe ihm damals einen kleinen Stoffstern mit einem Gedicht ans Bett gebracht, weil er an dem Abend, an dem er gestürzt ist, in die Sterne gucken wollte. Mein Stern liegt bis heute neben seinem Bett.

Mein Vater hat Glück gehabt. Ich war dabei, als die Ärzte ihm sagten, dass es unsicher ist, ob er wieder laufen kann. Ich habe gesehen, wie viel Kraft er aufbringen musste, um ein paar wenig hoffnungsvolle Schritte mit Hilfe eines Stehpults zu versuchen. Und ich war dabei, als er zwei Wochen später doch die Treppen der Klinik unermüdlich auf- und abkraxelte.

Inzwischen kann er sogar wieder Auto fahren. Zumindest mit einer Automatikschaltung. Sein linker Fuß zittert manchmal, so dass er keine Kupplung treten kann. Er liebt das Autofahren, wenn es nicht das Taxi ist, in dem er Fahrgäste befördern muss. Nach dem Unfall hat er von einer Stiftung ein Auto geschenkt bekommen, in das auch sein Rollstuhl passt. Einmal hat er mich mit dem neuen Auto nach Hause gefahren. Wir haben über meine Mutter gesprochen. Das vermeide ich normalerweise, aber an diesem Abend fühlte es sich richtig an. Und dann sagte er zu mir: »Was du erzählst, ist eine ganz fremde Welt für mich. Ich kenne das nicht, dass man sich so viele Gedanken über Gefühle machen kann. Bei uns redet man nicht darüber.« Für mich war das, als würde er zum ersten Mal meine Welt anerkennen. Und das hat mir viel bedeutet.

Mein Vater und ich führen eine von diesen schwierigen Vater-Tochter-Beziehungen. Mein Vater weiß das. Er spart auch nicht mit Selbstvorwürfen. Die Schuldgefühle haben ihn schon immer daran gehindert, wirklich etwas zu verändern. Das hat sicher mit seiner eigenen Kindheit zu tun.

*

Er ist im November 1943 geboren, seine ersten Nächte als Säugling verbringt er im Luftschutzkeller. Seine Mutter konnte ihn nicht versorgen, als Einjähriger war er für anderthalb Jahre im Kinderheim. Er erfuhr früh den Mangel an Geborgenheit. Bei Kriegsende 1945 war er wieder vereint mit Mutter, Großmutter und seinem Vater. Als er drei war, starb der Vater, wieder ein Verlust. In den Kindergärten, in die er geschickt wurde, fühlte er sich fremd. Die Kinderspiele waren für den kleinen »Michi« eine Qual. »Ene mene muh, und raus bist du.« Er fühlte sich sowieso draußen. Von seiner Mutter hat sich ihm vor allem das allmächtige »Aus dir wird doch eh nichts!« ins Gedächtnis gebrannt. Deswegen wird er später die Psychoanalytikerin Alice Miller lesen und bei jeder Gelegenheit aus ihrem »Das Drama des begabten Kindes« zitieren, um zu zeigen, dass seine Mutter mit seinen Fähigkeiten und Talenten nichts anzufangen wusste. Wäre mit etwas mehr Ermutigung vielleicht manches anders geworden?

Seine erste Ausbildung bei der Bahn musste er als Zwanzigjähriger abbrechen, weil er Angstzustände und Depressionen bekam. Der Arzt verordnete ihm Beruhigungsmittel und »viel ausgehen«, damit die Lebenslust geweckt wird. Er wurde monatelang krankgeschrieben. Nach seiner Genesung ging er nicht zurück zur Bahn, sondern jobbte als Hilfsarbeiter und machte später eine Ausbildung zum Industriekaufmann in der DDR.

Mein Vater ist ein offizielles »Stasi-Opfer«. Von 1967 bis 1969 war er als politischer Gefangener inhaftiert. Dabei war er nie wirklich politisch. Er war ein sensibler Träumer und wollte einfach nur in den Westen, in das bunte Lichtermeer der Reklametafeln eintauchen, das er vor der endgültigen Schließung der Grenze vom S-Bahn-Ring aus sehen konnte. Er wollte zeichnen lernen. Seine Mappe habe ich mir als Kind oft angeschaut: Landschaften aus dem Eisenbahnfenster, die seine Sehnsucht nach dem Reisen ausdrücken, und Straßenszenen, in denen ein junges Mädchen im Minirock morgens um fünf vom Club nach Hause geht. Das war für ihn Berlin und der Westen. Dort gab es für solche wie ihn, die im Osten nicht ins Schema passten, noch Hoffnung. Aber er zögerte zu lange. 1961 stand er als Sechzehnjähriger auf der Friedrichstraße vor der Mauer, die gerade gebaut wurde. Da gab es jene Sekunden, in denen er über den Zaun hätte springen können. Während er noch mit sich rang, wurde er von einem Volkspolizisten verscheucht und die Chance war verstrichen.

Sechs Jahre später versteckte er sich unter einer Sitzbank, um sich im Zug von Budapest nach Wien über die Grenze zu schmuggeln. Der Versuch misslang. Er kam ins Gefängnis. Nachdem er aus der Haft entlassen worden war, hat er nicht gleich einen Ausreiseantrag gestellt, sondern gejobbt. Der Traum vom Westen war etwas blasser geworden. Als dann 1975 sein Antrag genehmigt wurde, war er schon nicht mehr so zuversichtlich. Ab 1977 durfte er nicht mehr in den Osten einreisen.

Eine Zeitlang sah es gut für ihn aus. Er machte das Abitur am Berlin Kolleg nach, um zu studieren. Aber für mehr reichte die Energie dann nicht. 1977 im Winter bekam er wieder Angstzustände und ging für einen Monat in eine Nervenklinik. Das Jahr danach war für ihn ein hartes Jahr, sagt er. In ebendiesem Jahr hat er meine Mutter getroffen.

Als ich zwei Jahre alt war, hat er einen Neuanfang versucht, er fuhr zur See. Die See ist bis heute seine Leidenschaft. Sein alter Seesack steht noch immer in einer Ecke seiner Wohnung. Zweimal hat er auf einem Schiff angeheuert. Das erste Mal ist er ein Jahr geblieben. Er hätte sich mehr Zeit geben müssen, vielleicht hätte es ein Jahr später mit einem Ausbildungsplatz geklappt. Aber er war ungeduldig und kehrte zurück nach Berlin, um Taxi zu fahren und es noch einmal mit dem Studium zu probieren.

Das zweite Mal hat er auf der »Lisa Heeren« von der Reederei Heeren angeheuert. Dort gab es Unstimmigkeiten, mein Vater verließ das Schiff – eine Entscheidung, die er bis heute bereut. Irgendwann möchte ich ihm eine Kreuzfahrt schenken vorbei an den Scheren von Oslo, Fensterkabine, »etwas anderes kommt nicht in Frage«, muffelt er vorsorglich. Diese Tour ist er schon einmal als Decksmann gefahren. Er hat mir ein Bild von einer seiner Reisen gemalt: die Sicht auf die Lichter von Jeddah in der Dämmerung, als sie an der Küste von Saudi-Arabien vor Anker lagen. Es ist so groß wie eine Postkarte und hängt über meinem Schreibtisch.

Dann hat mein Vater versucht, sich mit einem Kurierdienst selbständig zu machen. »Ein Traumjob«, meinte er. Er besuchte das Gründerseminar der Agentur für Arbeit, ließ sein Auto teuer umbauen, damit er Aufträge über Funk annehmen konnte – und dann kamen keine.

Mein Vater hat eine lange Reise hinter sich, er war Eisenbahner, Monteur, Kurier, Bürohilfskraft, Zementhilfsarbeiter, Lagerarbeiter, Werbehilfskraft, Lagergruppenleiter, Wachmann, Decksmann, Student, seit 1982 dann Taxifahrer und seit 2005 ist er »Kunde« des Jobcenters.

Die Jahre, nachdem ich in sein Leben gekommen war, müssen für ihn alle ähnlich ausgesehen haben; Taxi fahren, übers Taxigeschäft schimpfen, sich aufraffen wollen, aber es nicht schaffen. Bier trinken, in Kneipen sitzen und dem Leben nachtrauern. Eine Weile hat er in Kneipen Karaoke gesungen, Gitarrenunterricht genommen und davon geträumt, Musiker zu werden. Das Keyboard, das er sich kaufte, bekam ich später zum Üben, immer mit der Auflage, es möglicherweise zurückgeben zu müssen. »Falls ich es doch noch mal schaffe«, sagte er. Er hatte viele Träume.

Genau wie mein Vater hat meine Mutter ihren eigenen Vater nie kennengelernt. Als sich meine Eltern trennten, entschied sie, dass ich meinen Vater kennen sollte. Ich erinnere mich an zwei oder drei laute Streitereien, wenn er uns besuchen kam. Damals war ich zwei oder drei Jahre alt. Danach hörten die Streitereien auf. Meine Eltern haben sich dann höflich und förmlich behandelt und eigentlich nicht wieder angeschrien. Mein Vater kam und holte mich ab. Oder er kam eben nicht. Oder er kam viel zu spät.

Ich habe mich gefragt, ob er jemals nachempfinden oder sich vorstellen konnte, wie es für mich war, wenn ich auf ihn wartete. Sich über die erste Stunde zu bringen war noch einfach. Meine Mutter ermunterte mich, weiterzuspielen, dann käme auch mein Vater schneller. Die zweite Stunde war ich dann schon missmutig und in der dritten hing ich nur noch am Fenster, beobachtete jedes Auto, aber kein Taxi war dabei. Manchmal kam ein Anruf, dass er es nicht schaffe, dass es ihm nicht gutginge. Oder er kam sehr spät, saß noch eine Weile im Auto und machte eine Abrechnung, während ich am Fenster stand, um ja nichts zu verpassen. Ich wusste genau, wann ich den Türöffner drücken musste, um ihm aufzumachen, noch bevor er klingeln konnte. Manchmal hatte ich mir einen Satz überlegt oder einen Witz vorbereitet, den ich in irgendeinem Roman gelesen hatte. Den trug ich seit Stunden auf der Zunge und wollte ihn gleich, wenn mein Vater zur Tür hereinkam, anbringen. Meistens habe ich dabei die Pointe verpatzt.

Als ich groß genug war, um allein die U-Bahn zu nehmen, bin ich von Spandau nach Steglitz zu ihm gefahren. Meine Reisetasche für das Wochenende war immer sehr schwer. Denn bei meinem Vater gab es nichts von mir. An solchen Tagen war er oft müde. Manchmal trank er ein Bier aus der Dose. Wir spielten mit meinen Kuscheltieren und Figuren oder hörten Musik. Ich spielte gerne mit meinem Vater, wenn er gut drauf war, ließ er sich ganz auf die Spielwelt ein. Dann hatte er gute Ideen und spann kleine Geschichten um die Figuren. Aber immer öfter war er unkonzentriert, schlapp und müde.

Am Ende dieser Besuchstage hat er mich oft mit dem Taxi noch irgendwohin chauffiert, sonntags in den Gottesdienst, zu Freunden oder nach Hause zu meiner Mutter. Das war immer etwas Besonderes. Ich wollte dann nie ankommen. Mich mit dem Auto zu fahren, mit mir ins Café zu gehen oder mir einige Euromünzen zuzustecken war seine Art, Zuneigung auszudrücken und etwas für mich zu tun.

Als ich etwas größer war, gingen wir manchmal gemeinsam in seine Stammkneipen. Das fand ich aufregend. Mein Vater hatte dann oft Musikvideos von der britischen Sängerin Kate Bush dabei – »die mit der Mickymausstimme«, krittelte meine Mutter. In einigen Lokalen gab es einen Videorecorder und wir durften die Videos gucken, was meine Mutter nicht mochte. Mein Vater trank dann ein Bier, ich bekam einen Saft und manchmal einen Toast Hawaii. Die Wirte kannten meinen Vater. Sie bewunderten meine blauen, etwas schrägen Katzenaugen. »Die wird mal was«, meinten sie zu meinem Vater. Kneipengerede.

Im Herbst 2011 schrieb er mir in einem Brief: *Es ist wahr. Ich habe liederlich gelebt. Dauernd in Kneipen gehockt, viel getrunken, aber nichts erlebt, nur still in der Ecke gesessen und mich weggeträumt. Dabei hat sich auch viel Geld ›weggeträumt‹. So deprimierend, wie die Arbeitslosigkeit ist, so quälend ist es, einen Job zu machen, der einem ›bis hier‹ steht, und keine Möglichkeit zu sehen, davon wegzukommen. Nein, das ist keine gute psychische Voraussetzung für eine verantwortungsbewusste Vaterrolle. Natürlich habe ich auch davon geträumt, was ich meiner kleinen Undine gern alles bieten würde. Und mit jedem Bier wurden die Träume schöner. Und dann am nächsten Tag die Absage an dich: Ich kann heute nicht kommen, bin krank.*

Seit seinem Unfall wartet er darauf, dass ich zu ihm komme. Und ich gebe mir Mühe, ihn nicht zu lange warten zu lassen. Jetzt, wo wir endlich gelernt haben, uns zu verständigen.

KAPITEL SIEBEN

O Du Schreckliche

Handelt von misslungenen Geburtstagspartys, einem selbstgebastelten Faschingskostüm, das kein Frosch sein soll, und von Geschenken, die sich nur selten an die Feiertage halten.

Feste sind für die meisten Kinder unbeschwerte Erlebnisse. Die Eltern nehmen alles in die Hand, und für ein Kind sind es Tage, an denen es an nichts denken muss, sondern einfach nur genießen kann, was die Eltern sich an Überraschungen ausgedacht haben. Das war bei mir anders.

Wie feiert man eigentlich einen Geburtstag, wenn man nur zu zweit ist und keiner von beiden eine Ahnung hat, wie so ein Fest »richtig« gestaltet wird? Die Mutter fragt die Tochter, was sie möchte. Die ist aber noch im Kindergartenalter und hat bestenfalls vage Vorstellungen – vielleicht noch gerade davon, was wann wo stattfinden soll und was es unbedingt zu essen geben muss. Aber für etwas anderes als einen selbstgebackenen Kuchen war bei uns kein Geld da. Selbstgebackener Kuchen ist ja auch eigentlich etwas Schönes. Meine Mutter hat immer Marmorkuchen gebacken, weil das der einzige Kuchen war, den sie backen konnte. In meinen Augen war das ein »Erwachsenenkuchen«. Ich hätte gern tiefgefrorene Sahnetorten gehabt.

An ein Unterhaltungsprogramm, an Kostüme, an einen

Ausflug zu McDonald's, in den Zoo oder ins Kino – an all das, was an anderen Kindergeburtstagen stattfindet – war gar nicht zu denken. Mein Geburtstag musste überwiegend mit den Mitteln bestritten werden, die es eh schon bei uns zu Hause gab. Zusätzliche Anschaffungen mussten einen engen Rahmen einhalten. Eine Packung Wunderkerzen, ein paar besondere Süßigkeiten, damit war er ausgeschöpft.

Der Geburtstag verlief dann recht improvisiert, denn meine stille Mutter ohne robuste Kindererfahrung war mit vielen tobenden Kindern einfach überfordert. Dafür aber durften wir mit den Möbeln spielen, die Matratzen umstellen, uns mit allen Tüchern und Gardinen verkleiden, die es in der Wohnung gab. Trotzdem fehlte jemand, der das Ganze anleitete oder Streit schlichtete. Meine Mutter ließ uns einfach machen.

Vielleicht ist es deshalb nicht verwunderlich, dass meine schönste Geburtstagserinnerung eine ganz intime ist, die nur meine Mutter und ich teilen. Wir wohnten in Kreuzberg, gegenüber vom Waldeckpark, wo im September, in dem ich Geburtstag habe, die Strauchrosen blühen und duften. Der Park war mein Reich, die Schaukel aus dem alten Autoreifen hatte ich bei meinem ersten Besuch sofort in Beschlag genommen, mit den Sandkisten und den Schaukelpferden fühlte ich mich vertraut. Ich wusste, wo die Büsche Höhlen haben, und ich war dort auf dem Spielplatz in meiner eigenen Welt, meistens allein.

Am Abend vor meinem sechsten Geburtstag schlichen meine Mutter und ich uns in der Dämmerung in den Park. Ein richtiges Streiche-Gefühl verband uns. Meine Mutter hatte eine Plastiktüte und eine Kneifzange dabei, mit der wir einige Rosenstängel von den Beeten neben dem Sandkasten abknipsten. Allein die Spannung machte diesen Strauß wertvoller als jeden, den man hätte kaufen können. Es fühlte sich an, als dürften wir das tun, weil wir keine Rosen kaufen konnten und weil ich genau diese Rosen im Park so sehr mochte. Niemand hat uns aufgehalten oder erwischt. Ich steckte meine Nase in die Blüten und atmete den Duft ein, bis die dünne Haut der Blütenblätter sich an die Nasenlöcher saugte. Und am nächsten Morgen fand ich meine Geschenke auf einem kleinen Tisch, den meine Mutter mit einem Tuch bedeckt hatte, das von bunten metallisch glänzenden Fäden durchzogen war. In der Mitte thronte der üppige Rosenstrauß. Ich fühlte mich seinen Blüten so nahe wie Ida aus dem Märchen »Die Blumen der kleinen Ida« von Hans Christian Andersen, das mir meine Mutter ab und zu vorlas.

Auf den Geburtstagen meiner Freunde war mir meist unbehaglich zumute. Plötzlich waren da lauter fremde Kinder in den Räumen, die mir eigentlich so vertraut waren. Freunde meiner Freunde, denen ich sonst nicht begegnete. Und als es Mode wurde, alles in bewegten Bildern festzuhalten, fingen die Eltern auch noch an, Kameras zu kaufen und alles zu filmen: Da wäre ich am liebsten gleich wieder gegangen. Andere Kinder machen Faxen oder reden ununterbrochen vor der Kamera. Ich stehe ganz still und rühre mich nicht. Diese Taktik des Unsichtbarmachens beherrsche ich immer noch fast bis zur Vollkommenheit.

Der Geburtstagsmorgen mit meiner Mutter war immer etwas Besonderes. An einem frühen Herbstmorgen riecht die Luft im Zimmer so besonders, vor allem, wenn man eine Kerze in der Morgendämmerung anzündet. Meine

Mutter hat mich immer mit einer Kerze geweckt und mir etwas ans Bett gebracht, einen Kakao, einen Tee, ein Stück Kuchen. Sie hat mich mit kleinen liebevollen Gesten beschenkt, die mir mehr bedeuten als teure Geschenke. Geschenke spielten eigentlich eine untergeordnete Rolle an diesem Tag, und das hatte auch einen besonderen Grund.

Oft waren sie keine Überraschung mehr. Meistens hatten wir schon Monate vorher etwas gefunden, das wir unbedingt haben wollten, Bücher oder Schuhe, ein Kuscheltier. Wenn ich es mit meiner Mutter entdeckt hatte und es eigentlich zu teuer war, aber es sich so anfühlte, als müsste ich es doch unbedingt haben, dann suchten wir nach einem Grund, der den Kauf legitimierte. Den sofortigen Kauf. Denn man war nun einmal dort, und Dinge, die es heute gab, konnten morgen weg sein oder teurer werden. Ein Zögern barg außerdem die Gefahr, dass die ohnehin mühsam getroffene Entscheidung wieder in Frage gestellt wurde oder praktische Hindernisse die genaue Kalkulation von Zeit, Geld und Kräften unrentabel machten.

Wenn also etwas »Großes« oder ein »Kauf außer der Reihe« fällig wurde – etwas, das unsere Verhältnisse überstieg –, dann kamen uns die Feiertage zu Hilfe. Wir haben sie gedanklich einfach vorverlegt und uns so im Sommer Möbel von IKEA »zu Weihnachten« geschenkt. Im Frühjahr fand sich vielleicht genau das richtige Geburtstagsgeschenk für mich. Meistens haben wir die Dinge dann zu Hause nicht bis zum Stichtag aufgehoben, sondern gleich benutzt. Oft war es auch etwas, das wir gleich brauchten. Es gab dann die Verabredung, dass es dafür zum entsprechenden kalendarischen Feiertag kein Geschenk gibt. Aber es gab immer etwas Kleines. Manchmal auch Bücher, die ich schon aus dem Regal meiner Mutter kannte, sozusagen eine nachdrückliche Leseempfehlung.

Der Kauf eines sehnlich gewünschten Objekts war etwas Feierliches. Manchmal anstrengend »wie ein Kampf«, sagt meine Mutter. Dafür entschädigte dann das Siegesgefühl, wenn wir unsere Trophäe zu Hause auspacken konnten. Allerdings tauchte oft bis zum tatsächlichen Geburtstag ein neues starkes Bedürfnis oder ein Sehnsuchtsgegenstand auf, für den wir dann eine weitere Rechtfertigung finden mussten, wenn es unmöglich schien zu verzichten. So kam es in einem Jahr schon mal vor, dass wir uns im Sommer bereits bis Ostern des nächsten Jahres beschenkt hatten. Das war aber eine Ausnahme. Meine Mutter und ich beschenken uns bis heute nach diesem Lustprinzip.

Später hat es mich manchmal geärgert, dass meine Mutter Bücher, die ihr eigentlich selbst sehr wichtig waren, an Freunde oder Bekannte zum Geburtstag verschenkte oder auch nur, um jemandem ihre besondere Zuneigung zu zeigen. Auch meinen Freunden hat sie schon Bücher aus unserer Sammlung geschenkt. Ein Band aus unserer Dostojewski-Sammelausgabe zum Beispiel. »Der Idiot« steht jetzt einsam in einem Bücherregal in der Schweiz. Das ärgert mich. Einerseits. Andererseits weiß ich natürlich, dass meine Mutter einfach kein Geld hat, um richtige Geschenke zu kaufen. Manchmal gibt sie dann eben das, was ihr selbst am wertvollsten ist. Und diese Fähigkeit, alles loslassen zu können, bewundere ich. Meine Mutter schenkt gern und von Herzen. Es ist ihr egal, dass der Wert, den sie verschenkt, meistens in keinem Verhältnis steht zu dem Wert, den der Beschenkte damit verbindet.

Nur selten hat es mich gestört, keine größeren Geschenke zu bekommen. Es gab schon Dinge, die ich als Schülerin als notwendig angesehen hätte und nicht haben konnte. Klamotten zum Beispiel, ich habe mich ständig schlecht angezogen gefühlt. Hatte ich etwas Taschengeld gespart, habe ich es für Bücher oder einen Walkman ausgegeben. Musikhören im Park, das war wichtig. Im Studium habe ich mit dem Geld ebenso jongliert wie meine Mutter – zwischen eisernem Sparen und unvernünftigem Lustkauf von Sehnsuchtsobjekten, Büchern, Sprachkursen, einer kleinen Reise, einem besonders guten Kaffee.

*

Aber das fehlende Geld konnte manchmal auch zu Tränen führen. Mein erster Fasching im Kindergarten beispielsweise war eine Katastrophe. Es standen nur die gleichen bunten Tücher wie jeden Tag zum Verkleiden zur Verfügung, die zwar zu Hause ihren Zweck erfüllten, aber außerhalb meiner eigenen kleinen Welt schienen sie mir trotz des guten Zuredens meiner Mutter nicht mehr gut genug. Ich wusste, dass die Mädchen in rosa glänzenden Satinkostümen als Prinzessinnen kommen würden, mit silbernen Kronen auf dem Kopf. Ich wollte auch eine Prinzessin sein. Ich liebte Märchen und Prinzessinnen und trug oft ein Märchenbuch mit mir herum. Doch selbst von unseren edelsten Alltagskleidungsstücken sah ich mich nicht geadelt – dann lieber gar kein Kostüm. Also ging ich missmutig zum Kindergarten, sah meine Konkurrentin mit ihren langen hellblonden Haaren unter der Krone und meine beste Freundin in einem perfekten Mauskostüm mit großen grauen Ohren auf dem Kopf. Eine Kindergärtnerin hat die Situation erkannt und mich im Nebenraum geschminkt, mir eine weiße Stola über die Schultern gelegt und eine Schleife ins Haar gebunden. Ich war dann irgendetwas Spanisches. Ich war zwar noch nicht zufrieden, aber fähig, mich in den Kreis der tanzenden Prinzessinnen, Mäuse und Piraten einzureihen. Es gibt ein Foto von diesem Tag, auf dem ich noch mit Tränen in den Augen zwischen den anderen im Gewusel stehe, die weiße Stola über meinem rotblau gestreiften Nikkipullover.

Fasching war seitdem jedes Jahr ein Problem. Einmal rettete mich der ausgediente schwarze Cordmantel meines Vaters. Mit einem Plastikgebiss wurde er zu einem passablen Vampirkostüm. Es war das Jahr, in dem unsere Mathelehrerin Frau Wiese die Geschichte vom kleinen Vampir vorgelesen hatte. Meine Freundinnen und ich waren monatelang im Vampirfieber.

Problematischer war das Jahr, in dem ich als Schildkröte gehen wollte. Ich war vernarrt in Schildkröten, spätestens seit Michael Endes »Unendliche Geschichte«. Und ich wünschte mir so sehr einen richtigen Panzer, den man auf den Rücken schnallen konnte. Ich wollte nicht nur aussehen wie eine Schildkröte, ich wollte mich in eine verwandeln. Meine Mutter lief müde hinter mir durch die Kaufhäuser. Ich kaufte grüne Leggings, ein grünes T-Shirt, Textilfarbe, bemalte es mit einem Schildkrötenpanzermuster und versuchte schließlich, ein Gebilde aus grüner Pappe zu basteln. Er sah am Ende aus wie ein großer Chinahut. Ich war also hauptsächlich grün und musste in der Schule erklären, dass mein Kostüm auf keinen Fall einen Frosch darstellen sollte.

*

Ich habe als Kind immer gern an alles Magische geglaubt, an Hexen, an Wunder, an Pippi Langstrumpfs überirdische Kräfte. Ich wollte nie ganz ausschließen, dass es Übernatürliches gibt. Aber an den Weihnachtsmann und den Nikolaus habe ich, soweit ich mich erinnern kann, nie geglaubt. Meine Mutter hat mir die Geschichte vom heiligen Sankt Nikolaus erzählt, aber sie hat nicht versucht, mich zu überzeugen, dass es ihn noch gibt. Sie war damals ja fast nie ohne mich einkaufen, trotzdem hat sie es manchmal geschafft, etwas unbemerkt mitzubringen. Schwieriger war es, diese Dinge erfolgreich vor mir versteckt zu halten, wenn ich wusste, ein Feiertag naht. Ich war ein furchtbar neugieriges Kind, und es gab bei uns keine wirklich abgeschlossenen Räume oder Ecken, an die ich nie ran durfte. War dann plötzlich eine Schranktür doch abgesperrt, war das sehr auffällig.

An einem Nikolausmorgen, ich war vier Jahre alt, habe ich meine Mutter morgens gegen sieben Uhr geweckt, indem ich aus meinem Zimmer gerannt und in ihr Bett gestürzt bin. Der Nikolaus sei noch gar nicht dagewesen, beschwerte ich mich. Meine Mutter hat ein bisschen mit mir herumgealbert und dann versprochen, nach ihm zu schauen. Während ich mich unter der Decke versteckte, war sie verschwunden. Minuten später stand plötzlich eine Rute mit allerlei Süßigkeiten im Zimmer. Ruten gefielen mir viel besser als Schokomänner, sie erinnerten an Hexenbesen und an Zauberei. Angst hatte ich nicht, ich konnte mir nicht vorstellen, dass die dünnen Zweige wehtun könnten. Aber ich ahnte natürlich, dass zwischen dem Verschwinden meiner Mutter und dem Auftauchen der Rute ein nicht besonders mystischer Zusammenhang bestand. Trotzdem war ich nicht enttäuscht und habe viele Jahre Milch für das Pferd vom Nikolaus in den Flur neben die Schuhe gestellt. Mir haben solche Spiele Spaß gemacht.

Niemand kann Geschenke so einpacken wie meine Mutter. Auch damit hätte sie sich übrigens sofort verraten, denn ihre Geschenke sind unverwechselbar. Meine Mutter nimmt mit Vorliebe sauber gefaltete Servietten mit besonderen Blumenmustern als Geschenkpapier. Manchmal hat sie auch einen silbernen Bindfaden oder ein Paketband darum gewickelt. Nie benutzt sie Tesafilm oder normales Geschenkband. Manchmal erkannte ich das Geschenkpapier von einer besonders schönen Schokoladenverpackung oder aus einem der Päckchen wieder, die uns meine Tante Ingrid früher öfter schickte. Ingrid hatte eine besondere Gabe, Geschenke zu machen. In ihren Päckchen fanden wir immer riesige Lakritzstangen, die wir in Berlin nicht bekommen konnten. Wir lieben Lakritz, meine Mutter mag das richtig bittere ohne Zucker, ich eher das süße oder saure. Meine Mutter mischt die harten Lakritze mit den Pfefferminzbonbons von Aldi, die sie auch immer in der Tasche hat, dann nimmt das Lakritz den Geschmack von Pfefferminz an. So ein Glas mit Lakritz und Minze steht immer noch in ihrem Bücherregal.

Natürlich ist es mir irgendwann aufgefallen, dass vor allem auf der Oberschule die Geschenke im Nikolausstiefel meiner Mitschüler mein Jahresgeschenkkontingent an finanziellem Wert spielend überstiegen. Manchmal habe ich andere darum beneidet. Gesagt hätte ich es nie. Fragte mich jemand, was ich bekommen habe, sprach ich sofort von dem »Wunschbuch«, das ich endlich erhalten hätte. Ideelle Werte konnten mit teuren Geschenken mithalten. Und dann bin ich nach ein paar erklärenden Sätzen, ganz nach meiner altbewährten Taktik, still geworden und habe die Aufmerksamkeit auf jemand anderen und seine Geschenke gelenkt. Am nächsten Tag war das Thema vergessen.

*

Während Nikolaus und Geburtstage immer unbedeutender in unserem Familienleben wurden, haben sich die Weihnachtstraditionen weiterentwickelt: Meine Mutter hat immer schon Kiefernzweige gekauft, die wir in einer großen Vase, zum Beispiel einem Gurkenglas, aufgestellt haben. Einen Baum lehnte sie ab. Es kann sein, dass sie das aus Überzeugung und nicht wegen des Geldes getan hat. Auf jeden Fall habe ich mich schnell gefügt. Bei uns gab es eben Kiefernzweige, weil meine Mutter das so wollte. Der Strauß mit den Zweigen stand auf der braunen großen Kommode oder auf dem Boden im Mama-Wohn-Schlafzimmer. Dann holte meine Mutter eine Schachtel mit hellblauen und lila Glaskugeln hervor. Die Kugeln und die Zweige waren unser ganzer Weihnachtsschmuck. Mal kam ein Strohstern dazu, etwas, das an irgendeinem Geschenk drangehangen hatte, oder ein ausgeschnittener Stern aus Silberpapier. Einige Jahre haben wir Lametta in die Zweige gehängt.

Irgendwann wollte meine Mutter gern eine Krippe haben. Es hat Jahre gedauert, bis wir sie vollständig beisammen hatten: erst Joseph und Maria, das Jesuskind kam im zweiten Jahr dazu und noch später die Heiligen Drei Könige. Zwischen meinen Spielsachen fanden wir noch zwei Plastikziegen und einen Esel. Die Figuren haben wir andächtig aufgebaut und dann las meine Mutter die

Weihnachtsgeschichte. Aber einen festen Ablauf für den Heiligen Abend oder ein bestimmtes Weihnachtsessen gab es bei uns nie.

Als ich klein war, hat mich unsere Traditionslosigkeit nicht gestört, später fühlte ich mich verloren, wenn ich mitbekam, wie andere feierten. Bei uns konnte jeder ansagen, was als Nächstes passieren sollte. »Packen wir jetzt die Geschenke aus? Oder erst noch etwas lesen?« Die Vorschläge meiner Mutter waren die gleichen wie sonst auch: ein Spaziergang, der an einem solchen Tag eben Weihnachtsspaziergang hieß, eine Partie Schach oder etwas lesen. Wir versuchten, es feierlich zu machen und die Geschenkübergabe hinauszuzögern. Aber es funktionierte nicht richtig. Sosehr man uns um unsere Freiheit beneiden konnte, sosehr konnte man uns auch bemitleiden. Obwohl ich von anderen gehört habe, wie sehr Familientraditionen und vorgeschriebene Abläufe auch nerven können.

Als ich älter wurde, hatte ich keine Lust mehr auf Weihnachten zu Hause. Ich dachte wehmütig an die festlich geschmückten Wohnzimmer meiner Freundinnen und wünschte mich weg. Einige unserer Feste waren da schon spannungsgeladen verlaufen, besonders in den Jahren, in denen ich als 18-Jährige aus Schweden nach Hause zu Besuch kam. Oft war ich an den Feiertagen, außer an Heiligabend, gar nicht wirklich da, weil ich Freunde besuchte oder beim Weihnachtsstück in der Kirche mitspielte. Zwei Jahre kam ich gar nicht nach Hause, sondern blieb in Schweden. Wenn ich zurückdenke, müssen es sehr einsame Jahre für meine Mutter gewesen sein.

*

Erst seitdem ich ganz nach Deutschland zurückgekehrt bin, haben sich einige Traditionen herausgebildet. Ich habe mich daran gewöhnt, den Part des Gastgebers zu übernehmen. Eine Zeitlang sind meine Mutter und ich in die Mitternachtsmessen gegangen. Mal in Zehlendorf, mal im Sankt Hedwigsdom in Mitte, mal in Spandau. Ich habe angefangen zu kochen. Während meine Mutter immer noch das Gleiche kocht wie früher, habe ich in verschiedenen Familien gelernt, von Mitschülerinnen und Sprachpartnern aus Dänemark, Schweden, Finnland, Brasilien, Polen, Palästina und England. Was immer ich während des Jahres als neues Gericht entdecke und denke, es könnte meiner Mutter schmecken, bereite ich zu. Mehrere Gänge, Gebäck, Rezepte, die stundenlange Vorbereitungen erforderlich machen. Meistens ist meiner Mutter der Aufwand etwas zu groß und ich verschätze mich oft in der Zeit, die solche Gerichte brauchen. Aber immer haben wir das Essen genossen. Der Prozess des Kochens ist also Teil unserer Weihnachtstradition geworden. Was am Ende auf dem Tisch steht, ist nicht so wichtig.

Ein paarmal haben wir auch meinen Vater eingeladen. Mal war er bei uns, mal wir bei ihm. Meine Eltern sind neugierig auf sich geworden. Das hat sich erst in den letzten Jahren entwickelt. Ich lasse sie dann miteinander reden, habe nicht mehr das Gefühl, dass ich vermitteln muss, sondern kümmere mich um das Essen. Es ist sogar amüsant für mich, sie einander Geschichten neu erzählen zu hören, die ich von beiden längst kenne. Mein Vater sucht dann irgendwelche Bilder von Kindheitsorten meiner Mutter bei Google Earth heraus. Das ist eine Art Geschenk von ihm. Meine Mutter und ich schenken ihm Marzipankartoffeln.

Die liebt er, auch wenn er jedes Jahr sagt, dass er keine essen darf, weil sie ihn zu dick machen. Wenn ich ihn dann nach Weihnachten besuche, ist nirgendwo mehr eine Marzipankartoffel aufzutreiben. »Hach, ich bin einfach eine schreckliche Naschkatze«, sagt er dann und guckt mich mit einem schuldbewussten Lächeln an. Er hat recht, er müsste sich besser ernähren. Aber er hört nicht auf zu rauchen und isst zu viele Süßigkeiten. Und was viel wichtiger ist, er entscheidet sich immer im letzten Moment dafür, das Geld für die Bewegungstherapie im Wasser einzusparen. Das ist eigentlich schlimmer als die Marzipankartoffeln. Aber da ist nichts zu machen. Meine Eltern sind beide Sturköpfe.

Vielleicht verläuft unser Heiligabend mittlerweile herzlicher als in vielen anderen Familien, obwohl ich ihn lange für den einsamsten und tristesten Tag des Jahres hielt. Nur Geschenke sind nebensächlich. Ich habe meine Eltern davon überzeugt, mir nichts mehr zu schenken. Ihre gemeinsamen Versuche, etwas für mich zu finden, haben mich mehr enttäuscht als gefreut, weil sie letztendlich Geld für etwas ausgegeben haben, das ich absolut nicht haben oder lesen wollte. Weil sie meine wirklichen Wünsche, selbst die verhältnismäßig kleinen, nicht erfüllen können. Meine Eltern leben immer noch mit einem Budget, in dem zwanzig Euro einen großen Unterschied machen. Also gebe ich unser Geld lieber für gutes Essen aus. Sowieso ist meinen Eltern die Zeit mit mir am kostbarsten. Mit allem anderen halten wir es wie früher: kaufen, wenn das Bedürfnis groß und die Gelegenheit gut ist. Mal helfe ich ihnen, mal sie mir.

Meine Eltern richtig zu beschenken ist im Gegenzug auch nicht gerade einfach. Ich möchte ihnen etwas schenken, was sie brauchen oder was sie glücklich macht. Aber oft kann ich mir diese Dinge gar nicht leisten: einen Schrank für meine Mutter beispielsweise, Laminat zum Auslegen ihrer Wohnung, einen Lammfellmantel, damit sie im Winter nicht friert. Mein Vater braucht eine Regalwand, ein behindertengerechtes Fahrrad oder jemanden, der ihm seine zahllosen Videokassetten sortiert. Und am Ende sind es dann doch ganz kleine, banale Dinge, über die sich meine Eltern am meisten freuen. Die Finger meines Vaters sind ziemlich taub, er ist immer auf der Suche nach Schlüsselanhängern, die er in der Tasche gut greifen kann. Er hatte schon immer Angst, dass er seine Schlüssel verliert. Ich habe ihm von unterwegs eine kleine Stoffschildkröte als Schlüsselanhänger mitgebracht. Er mag die niedlichen Tierchen. Ich musste die Schildkröte sofort an seinen Schlüsselbund fummeln. Mit einem Stofftierchen dran können die Schlüssel nicht so leicht irgendwo durchrutschen, und obendrein hat mein Vater immer einen kleinen Gefährten in der Tasche.

Das Größte, was meine Mutter mir in meinem Leben geschenkt hat, ist die Fähigkeit, mich über kleine Dinge sehr zu freuen. So wie sie selbst und auch mein Vater es kann. Eine Geste, auch Zeit ist für mich ein Geschenk, kostbarer als eine teure Uhr.

Die idealen Feste und Feiertage, da sind meine Mutter und ich uns einig, sollten sein wie in den Kurzgeschichten von Bella Chagall. Die Frau des berühmten Malers Marc Chagall ist in einem kleinen Dorf in einer jüdischen Familie aufgewachsen. Sie hat ihre Kindheit in zwei Erzählbänden beschrieben. Meine Mutter hat mir oft daraus vorgelesen. Wir haben uns gemeinsam vorgestellt, wie Bellas Mutter den Samowar auf den Tisch stellt, das Kindermädchen Bella und ihren Brüdern zeigt, wie Brot gebacken und an Feiertagen Honigkuchen verschenkt wird. Man glaubt, wenn man die Geschichten liest, den warmen Schein der Kerzen zu fühlen und das frische Brot zu riechen. Diese Geschichten erzählen von einer Gemeinschaft und Geselligkeit, die es bei uns nicht gab. Aber sie ermöglichten uns, eine Vorstellung davon zu gewinnen, wie es sich anfühlen müsste, richtig zu feiern. Und jetzt, da ich älter bin, habe zumindest ich gelernt, wie man etwas von dieser Atmosphäre selbst erzeugen kann.

KAPITEL ACHT

Die Empfindsame

In dem es um meine alleinerziehende Mutter geht, um Nachkriegskindheiten und darum, dass selbst große Anstrengungen nicht immer zum gewünschten Ergebnis führen.

Mein Telefon klingelt. Es ist Samstag, halb acht Uhr morgens. Am Abend vorher habe ich bis um eins gearbeitet und hatte gehofft, länger schlafen zu können. Aber nun ist meine Mutter am Telefon. Sie sagt mit zerbrechlicher Stimme: »Undine, als du drei Jahre alt warst, da haben wir einmal zusammen getanzt und dann wollte ich alleine tanzen, aber du wolltest nicht loslassen. Da habe ich zu dir gesagt: ›Du machst mir alles kaputt‹. Das war egoistisch. Ich habe viel falsch gemacht, das tut mir leid. Ich wollte doch immer nur das Beste.«

Ich erinnere mich nicht an diesen Vorfall. Aber wenn meine Mutter sich sehr einsam fühlt und der Kontakt zu ihrer Tochter zu lange unterbrochen war, gehen ihre Gedanken auf Reisen, meistens in die Vergangenheit. Das ist mitunter anstrengend. Bin ich nicht auf einen solchen emotionalen Ausbruch vorbereitet, kann ich recht grob werden. Hinterher tut es mir dann leid.

Früher glaubte ich oft, solche emotionalen Überfälle meiner Mutter nicht aushalten zu können. Ich fühlte mich dabei selbst hilflos, unverstanden, irgendwie innerlich aufgeschürft und genervt. Aber meine Mutter ist meine Mutter. Sie würde alles für mich geben. Sie war immer für mich da. Für sie gab es niemanden.

Mütter und Töchter werden in amerikanischen Fernsehserien entweder als absolute Gegenpole oder als beste Freundinnen dargestellt. Wir sind beides. Meine Mutter ist ein starker und wunderbarer Mensch, aber man muss sie verstehen. Ich habe immer das Bedürfnis, sie zu verteidigen. Doch ich kann nicht über meine Mutter reden, ohne vorher über mich zu sprechen – und unsere Beziehung.

Ich stöbere in unserem »Schatzkästchen«, einer kleinen Holzkiste, auf die ich als Kind Ballettbilder aus einem Programmheft geklebt habe. Meine Mutter bewahrt darin Briefe und Geburtstagskarten von mir auf. An wie vielen ihrer Geburtstage war ich eigentlich nicht da? In der Kiste findet sich auch einer meiner ersten Briefe an sie, noch mit großen ungelenken Buchstaben geschrieben. Ich stoße auf Postkarten von Kinderfreizeiten, Briefe aus der Zeit, als ich mein Abitur in Schweden gemacht habe, und einige, die ihr jüngerer Bruder ihr 1978 geschickt hat. Ganz unten liegt ein Gedicht meiner Mutter, das sie am 27. 11. 1979 notiert hat, als ich zwei Monate alt war und das mir wie ein Orakel erscheint: *Der Seismograph / Zeugnis und Wagnis / Spur und Fluten / – Alleinkämpfer – / Allegorie und Aleph / – mein süßes Kind – / es ist Nacht. / Morgendämmerung, / rosige Schimmer in Ferne / mein geliebtes Kind / zittert die Seele in mir.*

Von Anfang an steht mein Aufwachsen unter den Sternen Einsamkeit, Romantik, Ängstlichkeit und Hoffnung. Gegensätze wechseln sich ab, meine Mutter sieht immer das Morgenrot am Horizont. Zwanzig Jahre später räsoniere ich in meinen Briefen aus Schweden über unsere Beziehung. Die Distanz, die auch durch die räumliche Entfernung entstanden ist, ermöglicht das. Diese Briefe sind der Beginn einer Aussprache und Annäherung, an der sich meine Mutter und ich noch viele Jahre abarbeiten werden.

12. 8. 98: Liebe Mama, du hast mich in deinem Brief gefragt, warum ich schon so früh innerlich von dir weggegangen bin. Ich glaube, das hatte mehrere Gründe: Zum einen hatte ich einen besonders starken Drang zur Selbständigkeit, dadurch hast du ›Angst‹ bekommen und versucht, mich festzuhalten. Das hat dann das Gegenteil von dem bewirkt, was du dir wünschtest. Ich wollte fort aus dieser Atmosphäre von Unsicherheit, Unzulänglichkeit und Verzweiflung. Mir hat es auch wehgetan. Ich konnte einfach nicht mehr meinen und deinen Schmerz tragen. (…) Ich weiß, dass du immer das Beste wolltest, aber dir fiel es schwer, das Ganze aus meiner Perspektive zu sehen. So sind viele Missverständnisse entstanden. Deswegen wollte ich zu Leuten, die mich aufbauen, mir meine Stärken statt meiner Schwächen zeigen. Ich wollte dorthin, wo ich sehen würde, was Familien sind, die so sind, wie es eigentlich gedacht ist.

Wenn ich das heute lese, frage ich mich, ob denn unsere Familie, abgesehen von der finanziellen Situation, so anders war als andere? Oder habe ich damals übertrieben? Das Finanzielle wird in den Briefen kaum erwähnt. Mal bitte ich meine Mutter um ein paar Euro für eine Fahrkarte, mal schreibe ich ihr meine Wünsche auf: einen Fotoapparat, Klamotten, CDs. Ich scheine nicht genau zu wissen, wie wenig Geld meine Mutter zur Verfügung hat. Zweimal ermahne ich sie, sich von dem Geld, das für sie bleibt, genug zu essen zu kaufen. Bei einem Weihnachtsbesuch war sie mir sehr abgemagert erschienen: »Kein Wunder, wenn man bedenkt, was ich in deinem Kühlschrank gesehen habe.« Ich selbst lebte während dieser drei Jahre in Schweden vom Kindergeld, knapp, aber es ging, meine Mutter von dem Rest in Deutschland. Falls das Geld in unserer Beziehung eine Rolle gespielt hat, dann war es vollkommen überschattet von »emotionalen Verstrickungen«, wie meine Mutter es formulieren würde, als Ursache von Problemen oder Streitereien wurde es jedenfalls nie benannt. Was habe ich damals eigentlich wahrgenommen, worüber habe ich mir Gedanken gemacht?

Ich blättere durch die schwülstigen pubertierenden Ergüsse in meinen Tagebüchern. Dort nimmt meine Mutter nur eine Nebenrolle ein. Als ich fünfzehn war und in die 10. Klasse ging, deute ich wiederholt an, dass es Probleme gebe, über die ich lieber gar nicht sprechen wolle, meine Mutter verstünde mich ohnehin nicht. Nach einem Streit notiere ich stichwortartig, welche Vorwürfe ich immer wieder gegen mich gerichtet sehe:

10. 9. 1995. Meine Mutter und ich? Just forget it! Ich bin total familiengeschädigt. Andere Leute haben für so was einen Psychiater, aber ich? Wie immer bin ich herzlos, stur und querköpfig, kurz: ich bin schuld, und schätzungsweise kann man mit mir ja so nicht leben.

Was genau »so was« ist, schreibe ich nicht. Aber ist ein solcher Ausbruch nicht normal für eine Fünfzehnjährige? Oder gab es bei uns ein »Mehr«, das unsere Beziehung belastet hat? Ab und zu erwähne ich meine Mutter positiv, aber meistens gar nicht. Ich fülle Seite um Seite damit, dass ich schreiben möchte, aber nicht weiß, worüber ich schreiben sollte, ich notiere, wer mich angerufen hat oder auf wessen Anruf ich vergeblich gewartet habe. Ich habe permanent Verlustangst, wenn ich mich jemandem nähere. Ständig denke ich, dass mich die Menschen nicht mögen. Jede Freundlichkeit und jedes Kompliment halte ich fest und leide darunter, dass ich mich doch immer als Außenseiterin fühle.

Nur ein von mir festgehaltener Dialog verrät etwas darüber, dass auch der Geldmangel und die Arbeitslosigkeit meiner Mutter einen Anteil an unseren Streitereien haben. Es ist ein gehässiger Dialog, aber er zeigt, wie wenig ich gewillt war, meine Mutter trotz ihrer Bemühungen als Lotsen und Vorbild zu respektieren und wie schwer es ihr fiel, sich gegen meine Ablehnung zu wehren. Und immer wieder taucht in meinen Tagebüchern der Wunsch auf, wegzugehen. Darüber aber will meine Mutter nicht mit mir diskutieren.

9. 4. 1996

Mama, ist es nicht ziemlich langweilig, wenn man den ganzen Tag nur liest, schläft, isst, ab und zu Fernsehen guckt, sonst aber nichts macht und nur zu Hause ist?

Mama: Probier es aus, dann weißt du es.

Mir wäre das zu langweilig, dir nicht, Mama?

Mama: Sei still!

Was würdest du sagen, wenn ich wegginge?

Mama: Darüber rede ich nicht.

In meinem Alltag scheine ich immer woanders sein zu wollen. Ich suche jede Gelegenheit, Zeit in Gesellschaft anderer zu verbringen. Ich bin mit der Jugendgruppe, mit Freunden unterwegs, beim Musikunterricht oder in der Ballettstunde. Für alles und jeden fahre ich einmal quer durch die Stadt, nach Kreuzberg, Charlottenburg, Lichterfelde. Ich gehe nicht einmal mehr in Spandau zur Schule.

Ich stehe früh auf, um meine Hausaufgaben zu machen, abends habe ich keine Lust dazu. Einmal streite ich mich mit einem Lehrer, der mir vorwirft, ich würde nicht auf Klassenfahrt mitfahren wollen. Ich sage ihm, ich hätte das Geld nicht. Er erwidert, das hätte man aufbringen können. In meinem Tagebuch bezweifle ich, dass meine Klasse dazu bereit gewesen wäre. Eine Klassenkameradin stimmt mir zu, man habe schließlich seinen Stolz. Meine Mutter ist bei diesen Vorkommnissen längst nur noch Zuschauerin.

Wir streiten fast jeden Tag. »Geh doch zu einer anderen Familie«, hat sie mir einmal im Zorn an den Kopf geworfen. Ich kann den Satz nicht vergessen, obwohl ich weiß, dass sie mich nicht wirklich loswerden will. Einmal wohne ich vier Wochen bei einer Freundin. Dank ihres Vaters schreibe ich meine erste Eins in Mathe. Als sich über das Angebot von Bekannten eine Gelegenheit dazu ergibt, fasse ich den Entschluss, nach Schweden zu gehen. Auch darüber wird meine Mutter nur informiert. Zustimmen will sie nicht, aber ich kann sie dazu überreden, dass sie es mir nicht verbietet. Sie geht zusammen mit mir alles Notwendige dafür einkaufen. Über das Kindergeld lässt sie mich selbst verfügen. Aber sie ist unglücklich und – mal wieder – ohnmächtig gegenüber meiner Willensstärke und meinem Drang, die gemeinsame Wohnung um jeden Preis zu verlassen. Damit gehen auch ihre letzten Träume von einer starken Beziehung zu mir, ihrer einzigen Tochter, kaputt. Sie bleibt zurück, einsamer als zuvor.

Dabei war sie immer der wichtigste Mensch in meinem Leben. Jedes ihrer Worte wiegt Tonnen in meinem Herzen. Aber unsere Beziehung war ungleich. Sogar mein Vater hat beobachtet, dass ich schon als Schulkind mehr mit meiner

Mutter schimpfte als sie mit mir. Mehr als einmal schreibe ich meiner Mutter aus Schweden und muss es ihr auch später immer wieder sagen, dass sie sich nicht dauernd für irgendwelche Briefe an mich entschuldigen soll. Wenn ich nicht auf ihre Überlegungen oder Fragen antworte, fragt sie immer wieder, ob es ein Fehler war, diesen oder jenen Brief zu schicken, dies oder jenes zu schreiben.

Ich bin seit meinem ersten Lebensjahr mit meiner Mutter allein aufgewachsen. Alles, was sie betrifft, ihre Entwicklung und ihr Wohlempfinden, ihre Erfolge und Misserfolge beeinflussen mich, ob ich mich dagegen wehre oder nicht – die vielen starken Seiten ihres Charakters, die bis heute mein Ideal von einem guten ehrlichen Menschen prägen, wie die schwachen, ohnmächtigen und verzweifelten Momente, die vor allem mein Selbstbild bestimmen. Diese Zusammenhänge zu erkennen hat mich Jahre gekostet. Und viele Gespräche mit meiner Mutter. Am Ende ist es mir doch gelungen, sie davon zu überzeugen, dass ich sie als meine Mutter liebe. Dass unsere Tochter-Mutter-Beziehung, egal wo ich bin, nicht kündbar ist, auch wenn andere wichtige Beziehungen in ihrem Leben von anderen Menschen gekündigt wurden und sie allein zurückließen.

*

Immer wieder habe ich in den Jahren von meiner Mutter den Satz gehört: »Jetzt schreibe ich auch nicht mehr«. Damit meinte sie die Briefe und Postkarten an ihre Geschwister oder an ihre Mutter, die alle in Norddeutschland leben. Sie haben einander, meine Mutter und ich hingegen sind in Berlin so weit von ihnen entfernt, als säßen wir am Nordpol. In der Familie gab es immer wieder Unstimmigkeiten wegen der vielen Fragen, die meine Mutter in Bezug auf die Vergangenheit hatte. Keiner der anderen wollte darüber so ausführlich reden wie sie. Meine Mutter leidet unter dem Gefühl, Dinge nicht aussprechen zu dürfen, während die anderen vermutlich das Gefühl haben, bereits genug geredet zu haben. Belanglosigkeiten auszutauschen ist am ungefährlichsten.

Die Familiengeschichte meiner Mutter ist geprägt von Unsicherheit, Entbehrung und Überlastung. Meine Mutter war all die Jahre, die ich mit ihr zusammen bin, bis auf eine unglückliche und ungleiche Liebesgeschichte allein. Das heißt: Auch ich bin ihre einzige Bezugsperson. Das hat mich manchmal ganz schön überfordert, zumal in unseren Streitereien ihre alten Familienkonflikte eine Rolle spielten, die mit mir selbst eigentlich gar nichts zu tun hatten. Das habe ich aber erst verstanden, nachdem ich ausgezogen war.

Es hat mir wehgetan, mich zu fragen, ob meine Mutter depressiv ist. Hat sie viele Dinge einfach nicht gesehen, weil sie zu sehr mit sich selbst, ihren eigenen Ängsten und unserer knappen finanziellen Situation beschäftigt war? Meine Mutter würde nur teilweise zustimmen. Dass sie depressiv war, würde sie vermutlich nicht gelten lassen. Sie war nie in einer Klinik, sie hat nie Medikamente genommen, war nie manisch. Aber andere Mütter waren so viel fröhlicher und freundlicher – das fiel mir schon im Kindergarten auf.

Dass es ihr nicht besonders gutging in meinen ersten Lebensjahren, dass ihre Lebenslust und ihr Lebensmut klein waren in meinen frühen Schuljahren, das hat sie in vielen unserer Gespräche selbst zugegeben. »Da war ich seelisch so müde – depressiv, ohne es zu wissen«, meinte sie. Aber dennoch: Meine Mutter hat sich nie gehenlassen, sie ist nie liegengeblieben, sie hat mich oder die Wohnung nie vernachlässigt. Innerlich hat sie immer gekämpft. Das ist schwer, wenn man mit seinen Gedanken, Problemen, Wünschen und Hoffnungen ganz allein ist. Niemand hat ihr praktisch geholfen, niemand hat sie ermutigt oder dafür gesorgt, dass sie sich mal entspannen kann. Es gab keine Studien- oder Arbeitskollegen, keine Groß- oder Schwiegereltern, die mit anpackten oder ein Stück Geselligkeit in unser Alltagsleben brachten. In unserem Universum gab es nur uns.

Vermutlich sah meine Mutter keine andere Möglichkeit, als mit sich selbst zu kämpfen, sich ganz zurückzunehmen, nur die Wünsche und Bedürfnisse ihrer Tochter gelten zu lassen. Jede weitere Bemühung um Freunde, Bekannte oder gar Partner hätte ein Mehr an Selbstdarstellung, an Geld und Kompromissen gefordert. Positiv formuliert: totale Aufopferung einer Mutter für ihr Kind. Negativ formuliert: totale Selbstaufgabe einer jungen Frau, die Potential und Ambitionen, aber keine Unterstützer hatte und nicht in der Lage war, sich diese zu suchen.

Meine Mutter hatte, wie mein Vater, eine Nachkriegskindheit, eine, die das Kind nicht unversehrt zurücklässt. Auch ihr hat Geborgenheit gefehlt, ein Zuhause. Hinzu kamen viele Missverständnisse in der Familie, die nie aufgeklärt wurden und sie ein Leben lang in Form von Selbstzweifeln begleiten.

Als sie, acht Jahre nach meinem Vater, geboren wurde, fielen keine Bomben mehr vom Himmel. Meine Oma ließ sich nach einer Flucht aus der Ukraine und nach einer Job-Tour durch ganz Deutschland schließlich in Ostfriesland nieder. Ihre Familie gehörte zu den Deutschstämmigen, die heimgeholt werden sollten, als die Russen 1941 schon in der Nähe ihres Dorfes waren. Ihren Vater, Lennhard Bülow, den meine Oma auf einem Bauernhof kennenlernte und heiratete, hat meine Mutter nie gesehen. Als sie geboren wurde, waren ihre Eltern schon geschieden. Und Lennhard Bülow verschwand, ohne eine Spur zu hinterlassen.

Meine Oma und ihr neuer Mann haben ihn später vergeblich gesucht. Er hat nie Unterhalt für seine beiden Töchter gezahlt. Meine Oma ist nach Emden gezogen und hat in einer Hotelrezeption gearbeitet. Die beiden Mädchen kamen für zwei Jahre ins Heim. Im Hotel lernte meine Oma den Norweger und Pumpmeister zur See Bengt Ole Henrik Hakonsen kennen. Er war es, der die beiden Mädchen aus dem Heim nach Hause holte. Oma war wieder schwanger. Als die beiden neuen Geschwister da waren, durften meine Mutter und ihre Schwester zuerst nicht mit auf das Familienfoto. Was hätte denn die Familie des Mannes in Norwegen denken sollen, wenn sie sahen, dass seine Frau zwei Kinder mit in die Ehe brachte? Es war 1953.

Meine Mutter hat nur liebevolle Erinnerungen an die Zeiten, wenn der Stiefvater zu Hause war. Vielleicht hätte er sie adoptiert, aber er starb 1962 in Bangkok an einem Herzinfarkt. In Emden lebten fünf Leute von einer kleinen Witwenrente für drei Personen. Es gibt einige wenige Fotos. Auf einem Bild sieht man meine Mutter an der Hand des Stiefvaters, das war ein wichtiger Moment für sie. Meine Mutter besuchte in Emden die Volksschule, wurde danach Schwesternschülerin des Deutschen Roten Kreuzes in Bremen und bestand 1972 ihr Examen als Krankenschwester.

Sie musste sehr sparsam leben, Sparsamkeit war sie gewöhnt, und gelernt hat sie immer gern. Aber schon bei ihrer ersten Anstellung als Krankenschwester im Evangelischen Krankenhaus Oldenburg bestätigte sich, was sich schon während der Lehrzeit angedeutet hatte: dass sie den Anforderungen ihres Berufs körperlich nicht gewachsen war. Ein Jahr später machte sie auf der Berufsfachschule Emden ihre mittlere Reife nach. Ihre Deutschlehrerin ermutigte sie, das Abitur anzustreben. Meine Mutter träumte davon, Literatur und Philosophie zu studieren, in eine intellektuelle Welt einzutauchen, wo sie alle ihre existenziellen Fragen stellen durfte.

Über diese Zeit notierte sie: *»1974, ich bin 23 Jahre, lese Honoré de Balzac, identifiziere mich mit seinen jugendlichen Gecken, die aus der Provinz nach Paris gehen, um Literaten zu werden: Sie (und ich) wollen mit Röntgenaugen das Leben und alle seine Erscheinungen erfassen, sie und ich fühlen uns absolut klassenlos, über alle Klassenkategorien erhaben, wir sind unabhängige Geist-Seelen.«*

Nach der mittleren Reife geht sie ans Berlin-Kolleg, sie will Abitur machen. Ihre Geschwister finden es mutig, dass sie sich in diese große Stadt wagt. Für sie selbst ist es eine hoffnungsvolle Zeit. Sie fühlt sich stärker als zuvor. Ihre langen glatten Haare färbt sie mit Henna und legt sich eine Dauerwelle zu. Auf Bildern guckt sie meistens ernst, aber wenn sie lacht, sieht man ihre schönen Zähne, die Augen glänzen und die kindliche Rundung der Wangen tritt hervor.

In Berlin kennt sie niemanden, auch in den Kursen fühlt sie sich fremd. Sie sitzt in ihrem Zimmer, möchte aus der Enge der Wände ausbrechen, ist aber zu schüchtern, um einfach die Treppen hinunterzugehen, sich ins Getümmel zu stürzen und treiben zu lassen.

Nach einem Jahr trifft sie jemanden im Kolleg, der ebenso schüchtern ist wie sie. Sie überlegt, ihn anzusprechen. Er kommt ihr zuvor. Es ist mein Vater. Als meine Mutter ein paar Monate später ungeplant, aber nicht ungewollt schwanger wird, unterbricht sie das Abitur. Als ich da bin, soll mein Vater mich versorgen, wenn sie in der Schule ist. Sie pumpt Milch ab, bereitet alles vor. Meinem Vater wächst die Verantwortung für die Familie über den Kopf. Er wird wieder depressiv und macht meiner Mutter ungerechtfertigte Vorwürfe. Meine Mutter hat niemanden, der verlässlich auf das Kind aufpasst, damit sie zur Schule gehen kann. Zu Hause kann sie sich nicht gut auf die Hausaufgaben konzentrieren. Dann erfährt sie, dass man sie falsch eingestuft hat und sie ein Jahr wiederholen muss. Sie gibt auf, beantragt Sozialhilfe und eine Wohnung für sich und mich allein. Sie beginnt eine Therapie.

Als ich drei bin und in den Kindergarten gehe, macht sie eine Weiterbildung zur Laborassistentin. Sechs Monate lang bin ich von 6 bis 18 Uhr im Kindergarten. Wenn sie mich abholt, ist sie, hin und zurück, Stunden unterwegs. Dann muss sie mich noch versorgen und Hausaufgaben machen. Nach einem halben Jahr kann sie nicht mehr, sie kommt nicht durch die Prüfung, sie bricht ab.

Zu meiner Einschulung ziehen wir in einen anderen Bezirk, nach Spandau. Meine Mutter sagt, sie konnte sich nicht mehr konzentrieren, nichts lesen. Ihr Versagen belastet sie schwer. Sie schreibt alle Krankenhäuser im Umkreis an, aber eine Teilzeitstelle als Krankenschwester gibt es nicht. Schichtdienst oder kein Dienst, lautet die Antwort.

Während ich in der Schule bin, geht sie stundenlang spazieren, hört Opern, die ihr ein Bekannter meines Vaters auf Schallplatten ausleiht, Verdi, Puccini, Schumann-Lieder. Ein schwedischer Tenor hat es ihr mit seiner Stimme besonders angetan: Jussi Björling. An der Oper in Stockholm liegen seine Bücher und Aufnahmen heute noch im Schaufenster aus, obwohl er schon 1960 gestorben ist. Seine Witwe hat seine Biographie geschrieben.

Meine Mutter bekommt das Buch auf Schwedisch in die Hände. Sie fängt an, es zu übersetzen, Satz für Satz, mit Hilfe eines deutsch-schwedischen Wörterbuchs. Sie schreibt die Seiten erst per Hand, dann tippt sie die Blätter auf einer Schreibmaschine ab, die wir uns zusammen gekauft haben. Die Maschine thront auf dem Saunatisch, der billigste, den IKEA damals im Programm hatte. Er hat nicht einmal eine durchgehende Platte und steht vor dem Fenster mit den selbstgestrickten Gardinen.

Die Arbeit an dem Buch beschäftigt meine Mutter drei Jahre lang. Sie schickt es an einen Verlag, aber meine Mutter ist keine professionelle Übersetzerin. Zu oft bleibt sie zu nah am schwedischen Satzbau. Sie lässt das einzige Originalmanuskript an den Sender Freies Berlin weiterleiten und erhält einen Dankesbrief vom Chefredakteur persönlich. Er war auch ein Jussi-Björling-Fan. Bis heute ist das Buch nicht auf Deutsch erschienen. Aber danach hat meine Mutter ihre Konzentrationsschwäche überwunden und liest alles, was sie in die Finger kriegt. Wir gehen regelmäßig in die Bibliothek, ich wegen der Krimis und Comics, meine Mutter wegen der Weltliteratur.

*

Ab 1997 wird meine Mutter vom Sozialamt zum gemeinnützigen Dienst vermittelt. 2001 bis 2004 arbeitet sie mit Unterbrechung als Bürohilfe im Jugendamt Spandau, die Arbeit macht ihr Spaß. Und sie macht sie gut. Aber sie ist nur MAE-Kraft, Mehraufwandsentschädigung. Man hätte ihre ständige Unterstützung schon brauchen können, aber auf dem Amt herrscht Einstellungsstopp. Man darf ihr keine richtige Stelle anbieten, und so endet auch dieses Arbeitsverhältnis. Mit ihrer ehemaligen Chefin hält sie lose Kontakt. Manchmal bügelt meine Mutter in einer Wäscherei oder verdient ein paar D-Mark als Haushaltshilfe bei einer befreundeten Familie. 2001 macht sie eine zweijährige Weiterbildung zur Medizinischen Schreibkraft. Sie besteht mit sehr gut.

Besonders die Fachterminologie mit den lateinischen Begriffen macht ihr im Gegensatz zu vielen anderen Spaß. In den Folgejahren heftet sie die besonders nett formulierten Absagen auf ihre Bewerbungen in einem Ordner sorgsam in Klarsichthüllen ab. Die schönsten liest sie mir am Telefon vor, als hätte ihr jemand damit ein Kompliment gemacht.

Sie wird wieder als MAE eingesetzt: als Bürohilfe und zur Datenerfassung in einem Frauennetzwerk, bei einer Beratungsfirma, in einer Kirche, um Frakturschrift abzutippen, zum Briefe eintüten, sie liest im Waldkrankenhaus Spandau den Senioren Geschichten vor, fährt eine alte Dame im Rollstuhl spazieren und füttert sie.

Gesundheitlich geht es meiner zierlichen Mutter immer schlechter. Sie konnte noch nie Schweres heben. Langsam werden ihr Nacken und ihr Rücken immer anfälliger. Sie hat Schmerzen, ist zugempfindlich, bekommt Schwindelanfälle. Die Büros, in denen sie tätig ist, sind weder ergonomisch ausgestattet, noch wird großer Wert auf das Klima in den Räumen gelegt. Meine Mutter fällt als Querkopf auf, weil sie darum bittet, das Fenster zu schließen, wegen der Zugluft. Dann muss sie sich mehrfach krankschreiben lassen, weil sie vor Schmerzen nicht mehr aus dem Bett aufstehen kann.

Sie beantragt eine Beschränkung der Arbeitszeit auf einige Stunden am Tag. Es folgen viele Gutachten, Gespräche und Untersuchungen. Die Arbeitgeber unterstellen ihr Faulheit und drohen mit Sanktionen. Meine Mutter versucht, sachlich zu bleiben. Aber nicht ernst genommen, als Simulantin dargestellt zu werden ist für sie entwürdigend. Die Ärzte bestätigen ihre eingeschränkte Arbeitsfähigkeit. Auch das überzeugt nicht unbedingt. Der Ton bleibt zynisch, herablassend und kritisch. Meine Mutter hält das aus. Sie will arbeiten, sich nützlich fühlen. Sie weiß viel, kennt sich gut aus in der Literatur, sie kann mit einem Computer umgehen. Aber sie findet kein Angebot, das einer Frau über vierzig, ohne Berufserfahrung und ohne Universitätsabschluss, eine für sie geeignete Arbeitsmöglichkeit in Aussicht stellt. Sie legt es sich so zurecht, dass die Sozialhilfe der Lohn ist, den sie für ihre Arbeit bekommt, damit sie sich nicht zu schämen braucht. Sie ist dankbar für jedes verständnisvolle Wort. Sie freundet sich mit zwei Frauen, einer Deutschrussin und einer Tänzerin, im Laufe der Arbeitsmaßnahmen an. Manchmal trinken sie zusammen Kaffee. Zu Hause. Etwas anderes kann sich keine von ihnen leisten.

*

Als ich mich 1999 nach Schweden aufmache und meine Mutter allein lasse, geht es ihr nicht besonders gut. Sie sucht ihren alten Psychoanalytiker auf, schreibt mir Briefe. Manchmal habe ich in Schweden Angst um sie, aber ich fühle mich machtlos, ihre Traurigkeit erdrückt mich. Ich musste einfach weg.

Wenn ich sie besuche, nähern wir uns einander langsam wieder an. Ich erzähle ihr von meiner neuen Welt. Es folgen lange Gespräche, Phasen von Nähe und Abstand. So geht es auch weiter, als ich nach dem Abitur zurück nach Deutschland komme, um zu studieren. Einen Monat später ziehe ich in meine erste kleine Wohnung.

Meine Mutter will aus unserer für sie zu groß gewordenen Wohnung ausziehen. Sie zieht zweimal um, die erste Wohnung empfindet sie wie einen Käfig. Die Auswahl, die sie hat, ist begrenzt. Durch das langwierige Genehmigungsverfahren beim Amt noch begrenzter. Manche Wohnungsgesellschaften sagen von vornherein ab, wenn Hartz IV zur Sprache kommt. »Eine Wohnungsgesellschaft schickte mir einen Fragebogen, und als sie sahen, dass ich zur Zeit Sozialhilfe beziehe, schrieben sie, es seien zu viele Nachfragen, als dass sie mich vormerken könnten, und wiesen mich darauf hin, wo ich im Branchenbuch andere Baugenossenschaften finden könne«, notiert sie in ihrem Tagebuch.

Meine Mutter ist gezwungen, Kompromisse zu machen. Sie macht zu viele Kompromisse. Und hinterher ist sie unglücklich.

Zwischen ihren Umzügen landet sie bei mir. Sie streitet mit meiner Mitbewohnerin, ihre unglückliche Situation nimmt mich mit. Die Beziehung zu ihr strengt mich an. Ich bekomme Heulkrämpfe und gehe diesmal selbst für ein

Jahr in Therapie. »Unsichere Persönlichkeitsanteile« ist die Diagnose. Ich bekomme Zeitpläne, ein Bewusstsein dafür, dass ich temporäre Phasen als absolute und dauerhafte Zustände empfinde. »Katastrophieren« nennt man das. Ich trage in Tagespläne ein, wann es mir gut- oder schlechtgeht. Das Bewerten ist am Anfang schwer. Am Ende habe ich gelernt, dass es mir öfter gutgeht, als ich dachte, dass ich Ansprüche an mich selbst stelle, die ich nicht immer erfüllen kann, was ich dann als Versagen bewerte. Ich lerne, dass ich eine ganz andere Persönlichkeit bin als meine Mutter. Meine Mutter beschreibt sich selbst als »schweigsam, pflanzenartig«. Sie ist keine, die den Ton angibt, sie ist abhängig von ihrer Umgebung, sie reagiert und passt sich an. Sie ist die Intellektuelle von uns beiden. Ihr Wissensdurst war immer mein Maßstab.

Es ist eine Erleichterung, sich »normal« zu fühlen. Mit 24 Jahren fange ich an, ein positives Selbstbild von mir zu entwickeln, das mir meine eigenen Schwächen zugesteht und verzeiht. Langsam kann ich die Ängste meiner Mutter verstehen und nicht mehr als Kind, sondern als Erwachsene darauf reagieren.

Meine Mutter und ich fangen an, kleine Traditionen zu entwickeln, wie zu Festtagen. Wir gucken Filme auf meinem Laptop. Wenn wir zusammen U-Bahn fahren, finde ich es cool, ihr einen meiner Ohrstöpsel vom iPod abzugeben. Klar, für meine Mutter ist all das noch viel zu wenig. Für mich ist es manchmal zu viel. Wir telefonieren häufiger. Sie kauft ein Handy und schickt mir SMS und Videos von unseren Wellensittichen. Sie bekommt immer mehr Anteil an meinem Leben, meinen Gefühlen. Manchmal bricht unsere Beziehung wieder ein, ich bin schnell überempfindlich und traurig. Dann werden die alten Vorwürfe wieder laut. Ich kann nicht noch mehr beweisen. Die Angst, nie glücklich werden zu können und die Einsamkeit geerbt zu haben, bleibt.

Heute habe ich keine Geheimnisse mehr vor ihr. Ich traue mich, sie anzurufen, wenn ich mich schwach fühle, ohne Angst zu haben, dass ich mich danach noch schwächer fühle. Meine Mutter hat gelernt, ruhig zu bleiben. Wenn sie nichts sagen kann, das mich aufmuntert, fühle ich mich nicht mehr unverstanden oder hilflos und werde auch nicht mehr von dem Gedanken überfallen, dass sie mir nichts zutraut. Meine Mutter hat nicht mehr so viel Angst, dass ich sie wegen eines falschen Satzes gleich verstoße oder mich durch eine falsche Entscheidung selbst ins Unglück stürze. Ich brauche das Gefühl, dass meine Mutter mir vertraut. Dann kann auch ich ihr vertrauen.

KAPITEL NEUN

»Sind wir arm?«

In dem ich mich frage, wie meine Mutter es geschafft hat, mich glauben zu lassen, dass die »Armen« andere Leute als wir sind.

Armut ist schmutzig, hungrig, gierig, mitleiderregend. Arme Menschen stellen wir uns nicht selbstbewusst vor, sondern im besten Falle dankbar. Wer hebt nicht entsetzt die Augenbrauen, wenn ein »Motz«-Verkäufer in der U-Bahn plötzlich den Ton wechselt; von einem bittenden »Haben Sie vielleicht etwas Kleingeld übrig?« zu »Scheiße! Alles Geizkragen!«, wenn die Fahrgäste ihn leer ausgehen lassen. Warum gibt man so einem so ungern Almosen? Hat er kein Recht, sich zu beschweren, wenn ihm keiner hilft? Haben wir ein Recht, ihm Unterstützung zu verweigern, weil er sich nicht so verhält, wie wir es gern hätten? Und weil wir sehen, dass er sich auch morgen nicht aus seiner Lage befreien wird?

Jener Obdachlose, der in der Berliner S-Bahn immer wieder das Gedicht von der Eintagsfliege zum Besten gibt, hat mehr schauspielerisches Talent. Er flößt uns Geberlaune ein. Dieser Mensch weiß, dass er nicht ausrasten darf, dass er seine wirklichen Gefühle verstecken muss und nur belohnt wird, wenn er lächelnd sein Zirkusstück vorführt. Er kann sich kontrollieren. Wir glauben ihm, dass er alles tut, um sein Leben zu ändern. Er bekommt immer ein paar Cents für sein Gedicht. Das habe ich schon oft beobachtet.

Wir wählen nach Sympathie und äußeren Kriterien aus, wem wir helfen, selbst wenn diese Menschen in einer Notlage sind. Wir verlangen selbst von denen, die ganz unten sind, dass sie uns etwas liefern, womit wir uns identifizieren können. Aber wer identifiziert sich schon gerne mit einem Hartz-IV-Empfänger?

Viele denken heutzutage bei Hartz IV schneller an aggressive Penner als an unterbezahlte Arbeiter, alleinerziehende Mütter, arbeitslose Akademiker, Schüler in der Ausbildung oder kranke, arbeitsunfähige Leistungsbezieher. Dabei machen diese Gruppen mehr als die Hälfte der 4,43 Millionen Hartz-IV-Empfänger aus. Mehr als die, auf die das Stereotyp des lästigen »Hartzers« möglicherweise passen könnte.

Wohlwollendere denken bei Hartz IV eher an verwahrloste, unschuldige Kinder, die unter dem Versagen ihrer Eltern leiden. Mit meinem Leben hat ein solches Klischee nichts zu tun. Ich saß nie verschmiert auf der Straße, ich habe manchmal Zwieback mit Senf gegessen, weil das am ehesten nach Burger schmeckte, aber ich bin nie hungrig schlafen gegangen. Wir haben in einer ordentlichen Wohnung gewohnt, wir hatten immer warmes Wasser und Strom. Bei dem Wort »Kinderarmut« denke ich eher an Charles Dickens und seinen Klassiker »Oliver Twist«. Vielleicht denke ich noch an die Roma-Kinder mit ihren Ziehharmonikas. Kurz, ich stelle mir unter »richtiger Armut« Menschen vor, die in der sogenannten Dritten Welt an der Überlebensgrenze vegetieren, wo Dürren oder schlechte

Landwirtschaft die Lebensmittelvorräte vernichtet haben und es keine Kanalisation gibt.

Aber was Armut in Deutschland ausmacht, ist nicht primär durch Hunger, Krankheit und Trinkwasserknappheit gekennzeichnet: Es ist Armut im Sozialen, im Wissen um Dinge wie den Umgang mit Geld oder Ernährung, fehlender Glaube an Bildungs- und Aufstiegschancen, an langfristige Investitionen und an sich selbst. Ironischerweise fehlt es genau an den Dingen, die bei uns wenig kosten: Zugang zu Informationen, Internet, Büchern, Wissen, Zeit und Platz für Kinder, damit sie sich austoben und entfalten können. Es gibt Angebote, die versuchen, diese Defizite aufzufangen: Vereine und Initiativen bemühen sich, indem sie Zuschüsse beantragen oder Spenden sammeln und Gönner suchen.

Armut ist mehr als ein finanzieller Mangel. Armut ist die Kombination vieler Mängel über eine lange Zeit, die sich vielleicht einmal aus finanziellen Mängeln entwickelt haben. Um wirklich über Armut zu sprechen, muss man sich bewusst machen, dass sie verschiedene Dimensionen hat, die einer genauen Betrachtung bedürfen.

Um beurteilen zu können, ob ich eigentlich arm aufgewachsen bin und woran ich das festmachen kann, muss ich zurück zu der Frage, was es bedeutet, arm zu sein in einem reichen Land. Die Armut, die mich, trotz der Bemühungen meiner Mutter, getroffen hat, wird nur auf verschiedenen Ebenen greifbar. Die größten Defizite liegen vielleicht nicht dort, wo man sie erwartet.

⋆

Meine Mutter gehört laut Statistik zu zwei sich überschneidenden Risikogruppen. Alleinerziehende Mütter und Langzeitarbeitslose. Wobei Letzteres im Fall meiner Mutter zwar der Wahrheit, aber nicht ganz der Statistik entspricht. In der hätte man sie, obwohl sie lange nicht mehr auf dem ersten Arbeitsmarkt tätig war, viele Jahre nicht gefunden. Nämlich immer dann nicht, wenn sie gerade in einer Weiterbildung, Qualifikation oder einem Ein-Euro-Job beschäftigt wurde. Auch dort ist man weit weg von jeder Erwerbstätigkeit, auch wenn die Statistiker das anders handhaben.

Wie viele Menschen, so wie meine Mutter, wirklich ohne Zugang zum ersten Arbeitsmarkt sind, kann man nirgendwo erfahren. Langzeitarbeitslos ist in der Statistik der Bundesagentur für Arbeit, wer ein Jahr oder länger arbeitslos ist. Bekommt man einen Ein-Euro-Job, eine Trainings- und Qualifizierungsmaßnahme oder wird man länger als sechs Wochen krank, fällt man aus der Statistik heraus. Wenn man nur einen Tag Arbeit hat, dann erfasst einen die Statistik danach neu, als wäre man bisher nie darin aufgetaucht. Anders formuliert: In Deutschland ist laut Statistik kaum jemand länger langzeitarbeitslos als zwei Jahre, dafür sorgen Vermittler der Bundesagentur, die Leute in Maßnahmen unterbringen. Es wäre aber wichtig zu wissen, wer die Menschen sind, die mehrere Jahrzehnte arbeitslos sind und warum sie nicht aus der Arbeitslosigkeit herauskommen. Aber das will offensichtlich an offizieller Stelle keiner so genau herausfinden. Für die Statistik wäre das Ergebnis auch unschön.

Meine Mutter hätte gern und mit Begeisterung gearbeitet. Sie wäre auch für viele kleine Jobs kompetent gewesen.

Mit einer halben Aushilfsstelle wäre sie zufrieden gewesen. Sie hat sich auch in der Zweigstelle der Stadtbibliothek Spandau beworben. Aber für solche Stellen braucht man mindestens einen Fürsprecher. Oder man muss außerordentlich gut für sich selbst sprechen können. Das ist keine Stärke meiner Mutter. Ihre einzige Chance wäre es gewesen, an einen gutwilligen Arbeitgeber zu geraten, der sich ein paar Minuten Zeit für sie genommen hätte. Denn an ihrer Schulausbildung, ihrem Zeugnis der mittleren Reife oder dem abgebrochenen Abitur erkennt man ihre Fähigkeiten nicht. Aber eine Frage nach ihren Interessen würde ihr reiches Wissen zu Literatur, Psychologie, Philosophie und klassischer Musik offenlegen.

Ein Vorstellungsgespräch ist für sie eine Herausforderung. In Prüfungssituationen wird sie schnell nervös. Sie weiß, dass die meisten Bewerber ihr einiges voraus haben. Ihre Kenntnisse kann man ihr nur entlocken, wenn man ihr das Gefühl gibt, dass sie Zeit hat. Nur, welcher Arbeitgeber nimmt sich diese heutzutage noch? Es sei denn, es handelt sich um persönlich Bekannte.

Zu Hause wurde unsere eigene finanziell eingeschränkte Situation laut Statistik dadurch verschlimmert, dass wir in einer Großstadt wohnten. Die Kosten sind in der Großstadt höher und Teilhabe ist schwieriger. Wir wohnten dazu im Stadtrandgebiet, wo man von einer schlechten Infrastruktur ausgehen muss und von einem begrenzten Einkaufsangebot; Discounter und ein teurerer Supermarkt, beide mit einer begrenzten Auswahl an frischem Gemüse. Der einzige Gemüsehändler, der »Türke«, war überteuert. Wochenmärkte und günstige regionale Produkte noch nicht in Reichweite oder außerhalb unseres Budgets. Apfel, Pflaume, Kirsche oder Walnuss sind allenfalls hinter den Zäunen in den Schrebergärten anderer zu sehen, die gern das Lob auf ein grünes Spandau singen. Obwohl es Parks und Wiesen gibt, ist es nicht möglich, die Lebensmittel mit eigener Ernte aufzustocken. Im Spandauer Wald Pilze zu suchen oder Kräuter zu pflücken, ist auch nicht ergiebig, erstens wächst dort kaum etwas, und wo man frischen Löwenzahn hätte finden können, konnte man ihn nicht pflücken. Hundeauslaufgebiet.

Die Armutsdimension, die jedoch in unserem speziellen Fall am schwersten wiegt, liegt im Sozialen. Abgesehen davon, dass wir viele kulturelle Veranstaltungen nicht besuchen konnten, dass wir nie ins Restaurant gegangen sind, nicht zum Friseur, nicht Kaffeetrinken und unterwegs kostenpflichtige öffentliche Toiletten vermieden haben, hatten wir keine Bekannten, kein soziales Umfeld, das hilfreiche Kontakte zu anderen geboten hätte. Wir lebten wie in einer Luftblase in unserer eigenen Welt, wie von einer gläsernen Membran getrennt von dem Alltag mit Abendbrot und Spreewaldgurken, der in den meisten Familien »Normalität« heißt.

Soziale Bindungen sind etwas sehr Rares, intensiv, zerbrechlich und intim. Es fällt vielen von uns schwer, oberflächliche Bindungen einzugehen, Freundschaften zu beginnen, die von vornherein zeitlich begrenzt sind. Störungen im privaten Lebensbereich wirken sich bei den meisten von uns auf die Arbeitsmoral und Leistungsfähigkeit aus. Beziehungsprobleme können uns fast völlig blockieren. Gegen die Lethargie und Verlustangst anzukämpfen kostet in solchen Phasen alle Kraft. Fühlen wir uns geborgen und als Person bestätigt, können wir es, ohne zu jammern, mit materiellen Engpässen, langen Arbeitszeiten oder hoher Belastung aufnehmen.

Als Jugendliche habe ich versucht, unsere soziale Isolation in einer Kirchengemeinde zu kompensieren. Das war sicher eine Strategie, die sich für mich ausgezahlt hat. Die Kirche ist ein Ort, der finanziell Schwachen immer noch Möglichkeiten der Teilhabe bietet. Schließlich gehört es zum Selbstverständnis der Kirche, durch die Organisation von Gruppenaktivitäten einen Ausgleich zu ermöglichen. Außerdem sind die Klassenschranken zumindest vordergründig aufgehoben und die Kommunikation ist durchlässiger, weil es im Glaubensauftrag der Mitglieder liegt, sich zu kümmern und die Ausgegrenzten zu integrieren. Auf diese Weise habe ich mich in der Mittelschicht bewegt, ohne darüber nachzudenken, dass die meisten meiner Freunde zur Mittelschicht gehörten. Ich nahm an, die Unterschiede zwischen uns beruhten darauf, dass ihre Eltern auch gläubig waren, in die Kirche gingen und eine größere Wohnung und ein Auto besaßen. Den Unterschied, den ich wahrnahm, führte ich auf meine eigene Unfähigkeit und die traurige Grundstimmung meiner Mutter zurück, die nicht Teil eines so lustigen bunten Gemeindelebens sein wollte. Manchmal schob ich ihn auch auf meinen fehlenden Vater. Die Gemeinde wurde zum Familienersatz.

Über Geld habe ich nicht so viel nachgedacht. Höchstens dann, wenn ich hungrig auf alle anderen warten musste, die nach dem Gottesdienst noch Pizza essen gingen oder nach dem Jugendtreff Döner kauften. Was für die meisten meiner Bekannten eine Normalität war, war für mich immer der Moment, in dem die Disziplin den Appetit zügeln musste. Aber manchmal auch der, in dem man vielleicht von Freunden etwas abbekommen hat. Die Ausgrenzung wurde dann durch das Teilen aufgehoben und in ein Gemeinschaftserlebnis verwandelt.

War ich, wie so oft an Sonntagen, bei meiner Freundin zu Gast und es gab statt Selbstgekochtem etwas vom Italiener nebenan, habe ich alle Reste aufgegessen, selbst wenn ich längst nicht mehr konnte. Mein Appetit war grenzenlos, ich wusste nicht, wann ich wieder so eine Pizza bekommen würde. Ich hätte nichts davon liegen lassen können.

Aber Geld spielte natürlich immer eine identitätsstiftende Rolle. Im ersten Jahr auf dem Gymnasium hat mir meine Klassenlehrerin kurz vor den Weihnachtsferien diskret ein kleines grünes Kästchen in die Hand gedrückt. »Für dich und deine Mutter«, hat sie zu mir gesagt. Ich habe ihr nie etwas Bestimmtes über mich erzählt. Vielleicht hat sie gut beobachtet und gut gefragt. Sie war immer sehr nett und aufmunternd zu mir. Sie hat mir auf einem Klassenfest das Bluestanzen beigebracht und mich immer wieder aufgefordert, bei den Gruppenspielen mitzumachen. Sie hat alles, was man positiv kommentieren konnte, aufmerksam registriert. Später schrieb sie mir auf einer Postkarte, dass ich die Einzige in der Klasse gewesen sei, die sich mit einem Gedicht vorgestellt hatte. In dem grünen Kästchen waren Ferrero-Küsschen – die meine Mutter uns nie gekauft hätte – und ein Fünfzigmarkschein.

Trotzdem hat meine Mutter nie das Wort »arm« für uns benutzt. Sie hat es einfach nicht gelten lassen. Dass sie sehr gut mit Geld umgehen kann, lässt ein klassisches Armutsstereotyp bei ihr ins Leere laufen. Sie wäre nie zu einer der Tafeln gegangen – schon aus Stolz nicht. Sie hat mich glauben lassen, dass die Armen andere Leute sind als wir.

Mein Vater hingegen hat sich gern als »armer Schlucker« bezeichnet. Dabei hatte er durch seinen Taxijob mehr Geld zur Verfügung als meine Mutter. Armut hat also auch etwas mit »gefühlter« Armut zu tun. Wenn Politiker wie Guido Westerwelle und Kurt Beck recht damit hätten, dass erst die Einstellung das Prekariat zum Prekariat macht, dann hätte meine Mutter ebenfalls recht mit ihrer Behauptung, dass wir nicht dazugehörten. Aber das hätte uns wohl kaum jemand abgenommen.

KAPITEL ZEHN

Die zertanzten Schuhe

In dem es für meine Mutter selbstverständlich ist, an sich zu sparen, damit ich – ganz nach bürgerlichem Ideal – Klarinette lernen und zum Ballett gehen kann.

Als ich in der ersten Klasse war, habe ich es im Fernsehen gesehen, damals hatten wir einen großen Schwarzweißfernseher. Und ich wusste sofort, dass ich genau das werden wollte: Balletttänzerin. Diese Anspannung des Körpers, die hohen Sprünge, die Kostüme. Ich wusste: Ich kann das. Die endlosen Drehungen – ein Klacks. Als lägen sie mir im Blut. Und ich bildete mir ein, dass meine Beine genauso anmutig durch die Luft schnellten wie die auf dem Bildschirm.

Meine Mutter fand eine Ballettgruppe in der Nähe der Schule, die von einer engagierten Lehrerin, Frau Jentsch, organisiert und geleitet wurde und nicht viel kostete. Eine Hobbygruppe mit Anspruch. Ich wurde auf Biegsamkeit getestet und durfte fortan mittanzen. Lachsfarbene Schläppchen und ein schweinchenrosa Balletttrikot mit kurzem Röckchen mussten gekauft werden. Meine Modeträume spielten sich fortan auf diesem Gebiet ab. Aber alles, was nicht standardrosa war, erwies sich als teuer und unerreichbar: Röcke aus hauchzarten Stoffen zum Binden, Trikots mit großem Rückenausschnitt.

Zwei Paar Spitzenschuhe und drei Trikots habe ich in den sieben Jahren verbraucht, die ich getanzt habe. Meine Mutter hat mit mir Strumpfhosen gekauft, Haarspangen und ein mit Plastikperlen besetztes Haarnetz, das sie günstig erstehen konnte. Und bevor wir uns endlich eins dieser leichten Röckchen leisteten, haben wir vergeblich versucht, es selbst zu nähen. Mit der Hand. Zu den Vorführungen haben mich andere geschminkt. Es gab ja zahlreiche resolute ballettbegeisterte Mütter in der Garderobe. Irgendjemand hatte immer genug Dekoration für die Kostüme dabei, zumindest einen Fächer.

Als ich meine neuen weinroten Stulpen bis übers Knie ziehen konnte, fühlte ich mich zum ersten Mal ein bisschen erwachsen. Ich liebte alles an den Ballettstunden – das Schlurren der Füße auf dem Boden bei den Aufwärmübungen, das Ziehen in den Muskeln, die Dutthalter mit Glitzersteinen, den Geruch nach Puder und billigem Rouge vor den viel zu seltenen Auftritten, die Plastikrosen im Haar. Plötzlich war man jemand – eine stolze Spanierin, eine Schneeflocke.

Aber das Höchste waren die Spitzenschuhe, der Stoff, die harte Ledersohle, das Bänderannähen und das dumpfe Klopfen der Spitzen auf dem Parkett. Chopin zum Aufwärmen, Tschaikowski zum Tanzen. All das war Ballett und noch viel mehr. Der Traum vom Schweben und Eintauchen in andere Welten. Menschen, die an schmerzende Füße denken und an arme gequälte Mädchen haben keine Ahnung. Ein blaugetanzter Zeh ist eine Trophäe. Jemand, der dich in der Schule für deine etwas nach außen gedrehten Füße aufzieht, macht dir das größte Kompliment: Du bist eine Tänzerin.

Da meine Ballettlehrerin unsere finanzielle Lage kannte und ihre Kurse vergleichsweise preiswert waren, musste ich nur einen bezahlen und durfte dann so viele Stunden nehmen, wie ich wollte. Später bin ich in ein anderes, professionelleres und teureres Ballettstudio übergewechselt und fuhr ein- bis zweimal die Woche von Spandau nach Lichterfelde, quer durch Berlin. Die Lehrerin war eine ehemalige Solotänzerin der Deutschen Oper. Sie hat uns manchmal die abgelegten Spitzenschuhe der angehenden Ballerinen des Hauses mitgebracht. Richtige Tänzerinnen benutzen die Spitzenschuhe nur einmal. Ich habe immer gebangt, dass es für mich noch Größe 39 geben möge, wenn ich neue Schuhe brauchte. Schuhgröße 39 ist groß für eine Ballerina.

Auch diese Lehrerin hat mich gefördert und immer eine Stunde länger tanzen lassen, als ich bezahlen konnte. Bei ihr erhielt ich meine erste kleine Solorolle, es war der Blumenwalzer aus Tschaikowskys Ballett »Dornröschen«. Ich habe wochenlang vor dem Piqué Passé geschwitzt und besitze nicht ein einziges Bild von der Aufführung.

Später, als ich erkannte, wie weit entfernt ich trotz all meiner Hingabe vom professionellen Tanzen war, traf mich die Enttäuschung umso heftiger. Eine Zeitlang hat mich meine Ballettlehrerin zu ihrem Lehrer eingeladen. Ein ehemaliger russischer Tänzer mit einem Studio in Berlin-Charlottenburg. Die Probestunde lief gut, ich ging hin, obwohl ich genau wusste, dass meine Mutter den Unterricht dort nicht bezahlen konnte. In solchen Studios bekommt man keine Sozial-Rabatte. Und ein Ausnahmetalent war ich nicht.

Als ich noch in der Grundschule war, durfte ich einmal mit meiner Lehrerin Frau Jentsch in die Staatsoper ins Ballett gehen. Es war unglaublich aufregend. Ich hatte von Sabrinas Mutter eine schicke braune Jacke mit Pelzkragen geschenkt bekommen, die von irgendwelchen Verwandten stammte. Sabrinas Familie würde nie einen Pelz tragen, aber zu mir und meinen glamourösen Träumen passte das Jackett. Ich war so viel Eleganz gar nicht gewöhnt, und als ich auf dem Weg zu Frau Jentsch am Spielplatz vorbeimusste, habe ich mich ein bisschen geschämt. Gleichzeitig aber wollte ich gern eine richtige Dame sein.

Sabrinas Mutter neckte mich oft, weil ich als Einzige in der Klasse Musikunterricht nahm und so viel vom Ballett und meinem Traum sprach, auf eine Ballettschule zu gehen und nichts anderes mehr zu machen als zu tanzen. »Wie eine Tochter aus gutem Hause«, meinte sie. Im Nachhinein finde ich es sehr komisch, dass gerade ich, »das Sozialhilfekind«, der alternativen Familie, die jedes Wochenende gegen Atomenergie protestierte, das Bürgerliche vorführte. Aber damals habe ich weitergeträumt.

Nach der Vorstellung wollte Frau Jentsch noch mit ihrer Freundin etwas trinken gehen. Ich fuhr allein nach Hause, stieg aber – müde, wie ich war – am Rathaus Spandau in den falschen Nachtbus und landete in einem Industriegebiet. Handys hatte man damals noch nicht. Ich stieg aus, als ich meinen Fehler bemerkte, und wollte zurücklaufen, aber es war zu weit. Vor einem dunklen Haus blinkte eine Taschenlampe. Ich bekam Angst, aber es waren nur die Nachtwächter. Ich fragte sie nach dem Weg. Ich habe ihn trotz ihrer weitschweifigen Erklärungen nicht gefunden und der Bus zurück zum Rathaus sollte erst in einer Ewigkeit kommen. Am Ende hat mich ein Taxifahrer nach

Hause gefahren. Danach habe ich die Pelzjacke nicht mehr angezogen.

Damals habe ich alle Ballettromane verschlungen, die ich in die Hände bekam: »Anna«, die Königin aller Balletttträume, dann »Cindy«, und als ich alle zwanzig Bände gelesen hatte, entdeckte ich »Katja«. Die Bücher lieh ich von meiner Freundin oder aus der Bibliothek aus, und wenn ich es gar nicht mehr aushalten konnte, habe ich ab und zu einen Band gekauft. Im Ballett geht es immer um Leben und Tod, um große Hoffnungen und viele Enttäuschungen, um tanzen oder nicht tanzen und immer um hundert Prozent Hingabe. Die sollte man allerdings, wie ich mittlerweile gelernt habe, auf den Tanz oder die Musik beschränken. Ich glaube, der Hang zum Dramatischen, der das Ballett kennzeichnet, hat sich in mein Leben geschlichen und es nie wieder verlassen.

Das erste Drama begann, als meine Gruppe in einen anderen Raum umzog. Fortan musste ich eine halbe Stunde mit dem Fahrrad zum Unterricht fahren. Leider war ich ziemlich faul, wenn ich aus der Schule kam. Und obwohl Ballett mein Traum war, obwohl ich froh und ganz erwartungsvoll gestimmt war, sobald ich den Trainingsraum betrat, hatte ich jedes Mal Mühe, mich aufzuraffen und aufs Fahrrad zu steigen. Irgendwann war meine Mutter es leid, mich immer losscheuchen zu müssen. Sie stellte mich vor die Wahl, das Ballett entweder aufzugeben oder aus eigener Verantwortung loszugehen. Ich war bockig und schlecht gelaunt an diesem Tag. Ich antwortete patzig, dann würde ich es eben aufgeben. Meine Mutter meldete mich umgehend telefonisch bei Frau Jentsch ab. Ich bereute es sofort, aber ich konnte nicht zurück, dafür war ich zu stolz. Ich könne Frau Jentsch gern selbst anrufen und ihr meinen Entschluss mitteilen, meinte meine Mutter. Das wäre für mich unglaublich beschämend gewesen. Lieber habe ich mir die nächsten drei Jahre eingeredet, ich dürfte nicht mehr zum Ballett, und habe die Tränen beim Sportunterricht unterdrückt, wenn mich jemand »Ballerina« nannte. »Ich tanze gar nicht mehr«, schluchzte ich dann innerlich.

Erst einige Jahre später, als ich in der fünften Klasse war, bin ich wieder zum Unterricht gegangen. Aber ich war gewachsen und inzwischen nicht mehr so biegsam. Ich kam gerade, als der Tag der offenen Tür in der Staatlichen Ballettschule anstand. Es war der Tag, an dem mein größter Traum sich langsam in Luft auflöste.

Ich war noch nicht wieder in Form, trotzdem schaffte ich es bis in die Vorauswahl und wurde zur Aufnahmeprüfung eingeladen. Aber ich war nicht weich genug, nicht genug gedehnt, unkoordiniert und schüchtern. Schon während der Prüfung spürte ich, dass ich es nicht schaffen würde. Das hemmte mich noch mehr. Und als wir einen Spreewaldkahnruderer nachmachen sollten, hatte ich keine Ahnung, was der Spreewald ist oder ein Kahnfahrer. Den Spreewald habe ich erst in der Oberschule kennengelernt.

Nach dieser Stunde war mein Todesurteil gefallen. Ich konnte nicht Ballerina werden. Man hat nur eine Chance, dachte ich. Von uns zehn Mädchen wurde eins genommen. Keins aus unserer Gruppe. Und ich war schon eins der älteren. Ich tanzte weiter, bis ich in der neunten oder zehnten Klasse war und wartete darauf, dass mich doch noch jemand entdecken und ermutigen würde, Tänzerin zu werden. Aber es waren immer andere, die gesehen wurden. Und so räumte ich zu Hause meine Ballettromane in eine Kiste.

*

Ich verlor mich im Alltag, in meinen anderen Hobbys und versuchte krampfhaft, eine Alternative zu finden, die zu mir passen könnte und mich wenigstens in die Nähe einer Bühne bringen würde. Auch die Beratungsmodule des Berufsinformationszentrums, von denen ich mir mindestens ein Orakel erhofft hatte, erwiesen sich als enttäuschend: Kirchenmusiker oder Maskenbildner kamen für mich nicht wirklich in Frage. Letzteres hätte mich schon interessiert, wenn dafür nicht eine Friseurausbildung Voraussetzung gewesen wäre. Aus meinem dritten Hobby, der Tontechnik, konnte ebenfalls nichts werden, weil ich zwar jede Woche in der Kirche an einem großen Mischpult saß und fünf Instrumente und einige Stimmen regeln konnte, aber von Schaltkreisen, Lötkolben und Schallwellen nichts verstand. Blieb noch meine Liebe zur Literatur und das Engagement bei der Schülerzeitung. Doch irgendwie war mir immer klar: Genauso sicher wie die Tatsache, dass ich nicht mehr Ballerina werden würde, war es, dass ich niemals die Aufnahmeprüfung an einer Journalistenschule schaffen würde. Dafür war ich in allen Fächern, die etwas mit Allgemeinwissen zu tun hatten, zu schlecht. Ich habe mir Bücher zur deutschen Geschichte ausgeliehen, um meine Wissenslücken zu füllen. Das half auch nicht: Ich konnte mir nichts merken.

Nachdem ich beim Ballett gescheitert war, raunte mir immer, wenn mich etwas begeisterte, eine innere Stimme sofort zu: »Das kannst du doch nicht.« Ich habe dem grenzenlosen Selbstvertrauen, das mich in meinen jungen Jahren trug, nie wieder geglaubt. Die Sehnsucht wurde immer größer, etwas gut zu können. Aber was es heißt, sich ein realistisches Ziel zu setzen und es zu erarbeiten, wusste ich nicht. Ich dachte immer, Erfolg hat etwas mit Talent zu tun, und man müsse warten, bis man entdeckt und gefördert wird.

Ähnlich erging es mir mit der Klarinette. Eines Tages hörten wir in der Schule im Musikunterricht Prokofjews »Peter und der Wolf«. Ein typisches Stück aus »Klassik für Kinder«, das wir auch als Schallplatte besaßen. Im Unterricht sollten wir die verschiedenen Instrumente heraushören. Die Musik berührte mich nur mäßig – bis zu dem Part, in dem die Katze den Baum hinaufklettert. Dieser Klang faszinierte mich. Was das für ein Instrument sei, wollte ich wissen, das wollte ich unbedingt erlernen. Es war eine Klarinette. Meine Mutter zögerte, als sie das hörte. »Wir warten noch ein Jahr«, meinte sie. Wenn ich das Instrument dann immer noch erlernen wollte, würde sie sich kundig machen. So haben wir es gemacht.

Als ich die etwas kleinere Schulklarinette zu Hause auspackte, waren die Abstände für die Finger noch zu weit auseinander. Wochen vergingen, bis ich überhaupt einen Ton aus dem Mundstück mit dem Holzblättchen herausbekam. Die ersten Tage mit einem Blasinstrument sind schwer, irgendwann aber quetscht sich dann der erste Ton ins Leben. Ich weiß nicht, wie meine Mutter ein Jahr später meine erste eigene Klarinette finanziert hat. Damals gab es kein Bildungspaket. Ich habe es als normal hingenommen, dass meine Mutter meine Wünsche Wirklichkeit werden ließ.

Am Anfang hat sie mit mir gelernt. Sie kam auch zum Unterricht mit, um alles zu hören, was meine Lehrerin mir erklärte. Wenn ich in der Schule war, hat sie die gleichen Stücke wie ich geübt. Anfangs war sie besser als ich. Später aber hat sie irgendwann aufgegeben, als die Stücke schwerer wurden.

Meine Klarinettenlehrerin mochte ich sehr. Sie hatte eine Schildkröte. In den Ferien hatten wir manchmal Unterricht bei ihr zu Hause. Dann hoffte ich immer, die Schildkröte zu sehen. Zu einem Geburtstag schenkte sie mir eine aus Stoff, die habe ich immer noch. Ich glaube, Frau Bacher mochte mich, aber sie hat meine fehlende Motivation zu üben bemängelt und mir vorgeschlagen, in eine andere Gruppe zu gehen, wo nicht so viel Wert auf die täglichen Fingerübungen gelegt wurde. Ich habe mich so beschämt und weggestoßen gefühlt. Dabei stimmte, was sie sagte: Zum Üben konnte ich mich nie durchringen. Die Bestätigung fehlte. Die Magie war dann plötzlich weg. Die Töne klangen kläglich. Nun aber war der Trotzeffekt wieder da: Dann lieber gar nicht. Und ich habe aufgehört mit dem Klarinettenspiel.

Ich habe mich oft gefragt, warum ich damals nicht verstanden habe, was es bedeutet, etwas für sich selbst zu tun, sich ein Ziel zu setzen. Und warum ich nicht begriffen hatte, wie wichtig mir das Spielen und die Musik waren. Eigentlich hätte ich schon meiner Mutter wegen etwas mit Tanz oder Musik erreichen müssen, schon damit sich ihr Einsatz gelohnt hätte. Sie hätte sich sehr gefreut. Aber wenn ich mich frage, ob wir das Geld nicht dringender für anderes gebraucht hätten, dann würden sie und ich sofort im Chor antworten: »Nein!« Diese Welt kennenlernen zu dürfen hat mich, auch wenn ich keine Klarinettistin und keine Tänzerin geworden bin, stark geprägt, mir Fertigkeiten gegeben, meinen Geschmack gebildet, meine Interessen gelenkt. Das hat einen Wert, der in Geld nicht aufzuwiegen ist.

Auch mit der Klarinette habe ich später wieder angefangen. Ich habe mir damals bewiesen, dass ich jeden Tag üben kann. Meine Mutter hat mir, als ich zur Oberschule kam, die Verwaltung über das Kindergeld überlassen. Davon habe ich meine Ausgaben selber gedeckt und einen Klarinettenlehrer bezahlt. Und nun wurde ich jeden Tag besser.

Als ich in der neunten Klasse war, fing ich schon an, mich innerlich auf ein Musikstudium einzustellen. Ich übte viel, ich hatte mich bereits um einen Wechsel auf ein Gymnasium beworben, an dem es einen Musikleistungskurs gab. Aber dann kam ich in die zehnte Klasse, die Schule schien kein Ende zu nehmen, die Streitereien mit meiner Mutter auch nicht, und als ich die Möglichkeit erhielt, nach Schweden zu gehen, sagte ich zu.

KAPITEL ELF

Wie Asterix Rom erobert hat

In dem es um kafkaeske Zustände beim Arbeitsamt geht, um Wortungetüme, Herzklopfen und viele nette, aber überarbeitete Sachbearbeiter und ich einmal richtig sauer werde.

Wir sitzen wie Statisten am Set einer Fernsehserie und warten darauf, dass die Klappe unsere Szene ankündigt. Jobcenter-Termine sind wie ein Statistenjob, weil man immer lange darauf warten muss, dass etwas passiert, ohne dass man weiß, was genau passieren wird und welche Rolle man dabei zugewiesen bekommt. Manche von denen, die mit uns warten, haben sich für ihren Auftritt bereits ihre Kostüme übergeworfen, der Lässige in blauer Jeans und schickem T-Shirt, eine Latino-Mutti mit goldenen Ohrringen, ein Punk in Lederjacke. Säßen sie in einem Café, hätte ich sie vielleicht für Schriftsteller, Büroangestellte, Fitnesstrainer oder Studenten gehalten. Aber ihr Gang, dieses Zügige, das durch das betont Lässige unverkennbar durchscheint, und der kleine Papierstapel in der Hand verraten sie – ich habe sie schon auf dem Weg zum Jobcenter als »Kunden« erkannt.

Aber auch die genießen eine gewisse Exklusivität. Ich hätte zum Beispiel gern einmal an einer Online-Bildungsmaßnahme, der sogenannten E-Lernbörse, teilgenommen.

Das ginge leider nicht, bekam ich zur Auskunft, »die ist nur für Kunden des Jobcenters«. Und zu diesem erlauchten Kreis gehörte ich nun einmal nicht.

Ich gucke mich im Warteraum um und sehe über fünfzig Prozent ausländische »Kunden«. Ich selbst begleite einen Freund. Mein Schützling hat seine Deutschprüfung schon vor zwei Jahren mit Auszeichnung abgelegt – trotzdem guckt einer der Sachbearbeiter nur mich beim Sprechen an. Ich versuche, im Hintergrund zu bleiben und nur bei Unklarheiten einzuspringen – trotzdem sagt mein Bekannter hinterher über unseren gemeinsamen Besuch: »Sie benehmen sich ganz anders, wenn du dabei bist.« Absicht ist das vermutlich nicht, es passiert einfach. Aber es sollte nicht passieren.

Das Jobcenter ist ein Labyrinth, jeder Raum, sogar jeder Schreibtisch steht für ein besonderes Aufgabengebiet. Von außen ist keine Logik der Zuständigkeiten erkennbar. Vor jedem Tisch muss man sich noch einmal erklären: Warum man heute einen Termin hat und mit welchem Schlüsselwort einen der letzte Mitarbeiter auf den Weg geschickt hat. So kann es sein, dass man sich für eine schlichte Information an drei Schreibtischen vorstellen muss. Das kann bis zu zwei Stunden dauern und am Ende geht man möglicherweise trotzdem ohne klare Auskunft nach Hause, weil die Entscheidung nach undurchschaubaren Regeln im »Ermessensspielraum« eines vierten Sachbearbeiters liegt.

Auch mein Bekannter und ich sitzen bereits zum dritten Mal an diesem Tag im Wartezimmer neben dem Eingangsbereich und harren des nächsten Schreibtisches, an den wir vermutlich verwiesen werden. Eine Mitarbeiterin hat Mitleid mit uns. »Ich bringe Sie hin«, sagt sie auf dem Weg zum letzten Schreibtisch nach neunzig eigentlich ereignislosen Minuten im Amtsgebäude. »Dann hat Ihre Odyssee durch unser Haus endlich ein Ende.« Zu einer Odyssee gehören nicht nur Irrwege, sondern auch Zyklopen, Sirenen, zottelige Monster und der Hades. Das Jobcenter ist der Hades der Arbeitswelt. Um das zu vertuschen, spricht man von »Kunden«. Hier beherrschen selbst verständnisvolle und Vertrauen einflößende Mitarbeiter meistens nur eine Sprache: Amtsdeutsch. Und das besteht aus Wortungetümen, die in der Regel schon für Muttersprachler eine Herausforderung sind. »Neuer Erstantragsabgabetermin« ist so ein Wortmonster. Wenn die Sachbearbeiter es wenigstens langsam und deutlich aussprechen, klingt es gleich viel weicher.

Wie Bienen ihre Pollen tragen die »Kunden« solche sperrigen Worte von Schreibtisch zu Schreibtisch. Sogar ich habe Mühe, sie mir zu merken. Vergisst man aber so ein Wort, kann es passieren, dass ein wichtiger Antrag nicht richtig beschieden wird oder ein ganzer Vorgang stockt. Ich registriere, wie mein Bekannter kleine Nebensätze, in denen Informationen versteckt sind, überhört, weil er sich darauf konzentriert, die Antworten auf seine Fragen zu verstehen. Er hatte nicht mitbekommen, dass man sich nach dem Urlaub extra noch mal am Tresen zurückmelden muss, auch wenn man am gleichen Tag einen Termin bei einem Sachbearbeiter hat. Ob das denn nicht gleich ins System eingetragen werde, frage ich etwas verwundert. Ein bedauerndes Lächeln ist die Antwort. Leider ginge das nicht. Also noch einmal an den Tresen, Namen und Anliegen nennen, zehn Minuten warten. Um dann, noch bevor der Hintern das Sitzpolster erreicht hat, wieder rausgeschickt zu werden. »Nur eine Urlaubsrückmeldung?« Das war's dann. Wäre es so viel teurer, wenn auch die Kraft an der Rezeption oder jeder Sachbearbeiter solche Dinge ins System eintragen könnte?

Einige Wochen später. Ich sitze auf dem engen Flur mit den Klappstühlen in der zweiten Etage des Jobcenters Berlin-Tempelhof. Mir nehmen drei verschlossene Türen die Sicht. Mein Herz klopft. So hat meine Mutter, als ich klein war, jeden Monat gewartet. Erst um Geld zu bekommen, dann für die Bewilligung eines sozialpsychologischen Eignungstests der Arbeitsagentur für mögliche Umschulungen, später dann für die Vermittlung von Ein-Euro-Jobs oder die Genehmigung einer Wohnung. Auf diesen Fluren habe ich Menschen, die selbstbewusster sind als meine Mutter, verzweifeln sehen. »Wenn man so allein ist, ohne Bestätigung von Menschen um uns herum«, sagt meine Mutter, »muss man immerfort an sich selber glauben. Im Umkreis vom Sozialamt bekommt man viele Misstrauensanträge. Es ist keine Kleinigkeit, sie ständig zu überwinden.«

Auch in mir kriecht eine unbestimmte Angst hoch, die Muskeln verspannen, ich bin in totaler Verteidigungsbereitschaft. Dabei geht es gar nicht um mich. Neben mir sitzt meine polnische Freundin Ewa. Sie hat mit mir in Berlin studiert, Politik, Geschichte und Literatur. Hervorragende Noten, vorbildliche Disziplin. Ewa war schon im Studium die Ehrgeizigste von uns, die Einzige, die alle Abgabetermine eingehalten hat. Sie will in die PR-Branche. Sie hat gerade ein Praktikum in einer der größten Werbeagenturen Deutschlands absolviert und war davor beim Europäischen Parlament. Seit einem Jahr ist sie arbeitslos und bekommt »Stütze« vom Jobcenter. Sie hat an die hundert Bewerbungen verschickt und möchte von ihrer Vermittlerin Jobangebote, auf die sie sich bewerben kann. Natürlich sucht sie selbst auch weiter. Einige Male wurde sie schon zu Vorstellungsgesprächen bei großen Forschungseinrichtungen und öffentlichen Institutionen eingeladen, aber eine Stelle hat sie nicht bekommen. Was fehlt ihr?

Ihre Sachbearbeiterin lässt uns warten. Der letzte Kunde ist bereits vor zehn Minuten aus dem Zimmer gegangen, der Termin mit Ewa ist seit einer Viertelstunde überfällig. Dabei gilt Pünktlichkeit als das oberste Gebot für eine erfolgreiche Integration in den Arbeitsmarkt. Offenbar aber nur für »Kunden«.

Bei ihrem letzten Besuch im Jobcenter hat Ewa ihre zuständige Sachbearbeiterin nicht angetroffen. Sie kam nur bis in die Eingangszone des Amtes, wo ein Mitarbeiter, der ihre Akte überhaupt nicht kennt, sie süffisant fragte, ob sie dem Staat inzwischen nicht lange genug auf der Tasche gelegen habe. Ewa war fassungslos und hat fast geweint, als sie mir am Telefon davon erzählte. Den Namen dieses Mannes wollte sie aber auf keinen Fall preisgeben. Deswegen begleite ich sie heute, ich will dabei sein, wenn jemand es wagt, ihr so etwas zu sagen oder auf ihre polnische Herkunft anzuspielen.

Die Sachbearbeiterin lässt weitere fünf Minuten verstreichen, bis sie uns mit einer tiefen, fast lasziven Stimme begrüßt. Sie spricht langsam, lächelt über die insistierende Art, mit der meine Freundin ihr Anliegen vorträgt. Ewa möchte sicher sein, dass sie keine Callcenter-Angebote annehmen muss. Sie möchte stattdessen einen Englischkurs bewilligt bekommen, dafür hat sie bereits verschiedene Kostenangebote eingeholt. Sie spricht hastig, fast hektisch, als könne jede Sekunde eine Klappe herunterfallen und ihr das Wort abschneiden. Als würde ihr im nächsten Moment irgendjemand ihr Engagement als Schmarotzertum auslegen. Auch ich werde während des ganzen Gesprächs das Gefühl nicht los, dass nicht genug Zeit da ist. Was würde es kosten, die Flure des Jobcenters von dieser erstickenden Atmosphäre aus Angst und Druck zu reinigen, die nur zehrende Erschöpfung hervorruft? Ich kenne diesen Zustand gut, meine Mutter hat ihn früher oft mit nach Hause gebracht.

Wie kann es sein, frage ich mich, dass ein so großer Apparat wie das Jobcenter, in den so viel Geld fließt, so schlecht organisiert ist? Ich selbst war einmal bei der Agentur für Arbeit Charlottenburg zu einer Beratung und man hat mir freundlich ein Coaching angeboten. Alles klang gut, bis ich die Rechnung eingesandt hatte und auf das Geld wartete, aber stattdessen eine ablehnende Mitteilung mit einem Anhang voller Paragraphen bekam. Ich hatte die Originalrechnung jedoch wie gewünscht geschickt und rief an, um mich nach dem Verbleib zu erkundigen. »Wie?«, rief mir die erstaunte Stimme der Servicenummer-Mitarbeiterin ins Ohr. »Haben Sie den Brief etwa nicht persönlich an der Rezeption abgegeben?« Als könnten Rechnungen nicht mit der Post geschickt werden! Nur wer die Nerven behält und noch zweimal hinterhertelefoniert, bekommt irgendwann den Bescheid, dass der Brief »doch noch irgendwo aufgetaucht ist«. Ich kann die Fassung nur wahren, solange ich nicht ernsthaft auf die Agentur für Arbeit angewiesen bin.

⋆

In »Asterix erobert Rom« haben Asterix und Obelix eine Prüfung zu bestehen, sie müssen den Passierschein Nummer A38 in die Hand bekommen. Es scheint nur eine verwaltungstechnische Formalität zu sein, in Wahrheit aber ist es eine fast unlösbare Aufgabe, denn das Formular mit dieser Nummer gibt es noch gar nicht. Das »Haus, das Verrückte macht«, ist ganz klar eine Behörde. Und Asterix und Obelix bestehen die Prüfung nur, weil sie die Regeln ändern, nach denen hier gearbeitet wird.

Ein Bekannter, der in seinem Heimatland den Bürgerkrieg miterlebt hat, mit Schleusern sechs Monate lang über Berge und Grenzen gerobbt ist und in einem lecken Schlauchboot eines Tages an der europäischen Grenze gestrandet ist, meinte nach der »Erstantragsstellung« zu mir: »So viel Stress habe ich in meinem ganzen Leben noch nicht gehabt!« Der damit verbundene Schreibkram und dauernd wechselnde Zuständigkeiten treiben ihn zur Verzweiflung. Meinem Vater geht es ähnlich. »Wenn da wieder so ein grauer Brief im Kasten ist«, wettert er, »dann weiß ich schon: Es wird mich wieder eine Woche kosten, bis ich alles rausgesucht habe.« Und dabei liegt meistens ein Großteil der abgefragten Informationen bereits in einer Akte beim Amt vor.

Als mein Vater im Krankenhaus lag, war ich für ihn beim Jobcenter Steglitz, seine Jahresstromabrechnung musste dorthingebracht werden. Obwohl Steglitz immer noch ein bürgerlicher Bezirk ist, sieht der Warteraum dort nicht gediegener aus als in anderen Zweigstellen. Etwas kleiner vielleicht, das Durchschnittsalter der Kunden ist etwas höher. Neben dem verglasten Info-Schalter steht ein aufgeplusteter Security-Mensch und wartet mit ausdruckslosem Gesicht auf die Randalierer, die hier wohl kaum auftauchen dürften. Ein Absperrungsband zeigt an, wie die Schlange sich zu bewegen hat. Es gibt nur wenige Stühle. Und die reichen selbst in einem solchen Bezirk oft nicht aus – weder für die vielen Alten, die kaum so lange stehen können, nicht für Schwangere und auch nicht für Mütter, die noch ein Kind auf dem Arm haben. Aber zum Glück gehen die Wartenden hier freundlich miteinander um. Ein Platz wird freigemacht, damit eine Mutter sich setzen kann.

Nach einer knappen Stunde bin ich dran. Am Schreibtisch sitzt einer, der mit seinen kurzgeschorenen blonden Haaren aussieht, als sei er gerade neunzehn geworden. Ich habe den Pass meines Vaters dabei, eine von ihm erteilte Vollmacht und die Stromrechnung. Ich hätte die Rechnung auch einfach in den Briefkasten werfen können, aber ich möchte eine Empfangsbestätigung. Und ich muss melden, dass mein Vater zurzeit im Krankenhaus liegt und auf unbestimmte Zeit nicht persönlich erscheinen kann.

»Haben Sie eine notariell ausgestellte Vollmacht?«, blökt mich der Blonde an, sonst könne er nichts für mich tun. Ich zeige ihm, was ich habe. Er sagt, mein Vater müsse selbst kommen oder eine notarielle Vollmacht vorbeibringen. Ich erkläre ihm noch einmal, inzwischen schon ungeduldig, dass ich doch genau deswegen hier sei, weil mein Vater nicht kommen *kann.* Mein Ton ist barsch und genervt. Ich stelle mir vor, dass ich sehr reich bin, vielleicht ein Gossip-Girl von der Upper East Side in New York, um die nötige Autorität aufzubringen – höflich, aber bestimmt und mit einer Prise Herablassung. Gleichzeitig mobilisiere ich in mir alle Ghetto-Energie, die ich auftreiben kann. Ich mach hier Gangster-Rap, wenn es sein muss, ohne Empfangsbestätigung werde ich diesen Ort nicht verlassen. Er spürt, dass ich entschlossen bin, richtig Stress zu machen, und rechnet sich aus, dass es bei meinem Anliegen nicht lohnt, sich auf einen Konflikt einzulassen. Am Ende siege ich, er bequemt sich, etwas in den Computer einzutippen, und stempelt mir mürrisch die Bestätigung ab. Ich schwöre, andernfalls hätte ich seinen Schreibtisch umgeworfen.

So einer, stelle ich mir vor, hat vermutlich meine Freundin Ewa beleidigt. So einer sagt gern NEIN, bevor er sich auch nur angehört hat, worum es geht. Jedes Mal, wenn ich höre, dass jemand falsche oder halbe Informationen beim Jobcenter bekommen hat, zu früh weggeschickt oder nicht richtig aufgeklärt wurde, steht er mir vor Augen. Und dann denke ich an die Worte meiner Mutter: »Ich glaube, die Sachbearbeiter beim Sozialamt fühlen sich selbst diskriminiert und projizieren noch Ungutes auf manche andere«, schrieb sie mir, als ich gerade mit meinem Abitur beschäftigt war. »Ich wünsche dir von ganzem Herzen, dass du niemals mehr etwas damit zu tun haben musst.«

KAPITEL ZWÖLF

Gurkensalat oder Die fremde Familie

In dem meine Oma beleidigt ist, mein Vater als »Loser« gilt und ich darüber nachdenke, warum die Familien meiner Eltern in meinem Leben vor allem abwesend sind.

Einmal sind meine Mutter und ich richtig in den Urlaub gefahren. Wir waren am Gardasee und in Venedig. Meine Mutter hatte damals einen Freund mit einem VW-Käfer, rund und weiß, wie die Kaugummikugeln, die mir dieser Freund schenkte. Leider kann ich mich daran kaum noch erinnern. Ich war noch keine zwei Jahre alt, und in den Tiefen meines Gedächtnisses stoße ich nur noch auf flirrende Hitze und ein verschwommenes Blau. Ganz deutlich aber ist dort ein übergroßes aufblasbares geranienrotes Gummitier festgehalten.

Dafür gibt es Beweise im Familienalbum. Das Bild zeigt mich allerdings nicht am Sandstrand, sondern auf dem braunen Teppich in unserem Wohnzimmer. Das rote Tier war so groß, dass ich mich auf seinen Rücken setzen konnte. Es sah ganz anders aus als die Enten, Haifische und Luftmatratzen in den Schwimmbädern. Ich habe jeden Tag mit ihm gespielt. Doch im Wohnzimmer fühlte sich mein neuer Freund gar nicht wohl – nach kurzer Zeit ist er geplatzt.

Später waren meine Mutter und ich noch zweimal in Borsum, meine Oma besuchen. Daran kann ich mich noch vage erinnern. Einmal kam Oma für einige Tage nach Berlin. Wir haben eine Dampferfahrt gemacht und sie hat uns bei IKEA ein Kaffeeservice gekauft, cremefarben mit großen orangefarbenen Blumen drauf. Das fand ich schön. Meine Oma, die Ostfriesin ist, würde aus diesen Tassen nie Tee trinken, meiner Mutter und mir ist es egal, ob wir Tee aus Kaffeetassen trinken. Es war nun einmal das Service, das mir am besten gefiel. Die Kanne ist mittlerweile kaputtgegangen, die Tassen hüte ich immer noch.

Oma hat mir gezeigt, wie man Gurkensalat richtig macht: erst die Scheiben schneiden, salzen, einziehen lassen, warten, dann anmachen – und nicht etwa kurz vor dem Verzehr einfach alles zusammenwerfen, wie meine Mutter es tat. Meine Oma konnte kochen, so wie Omas kochen. Meine Mutter ist dazu entweder zu unbegabt oder zu ungeduldig, auf jeden Fall kochte sie sehr anders, als die traditionelle Hausmannskost es verlangt. Mir aber schmecken angemachte Gurkensalate und »richtige« Soßen besonders gut. Wenn meine Mutter Kartoffeln kocht, tut sie kaum Salz dran, weil ihr Salz nicht schmeckt und es außerdem ungesund ist. Aber sie kann leckere Brühen mit Käsewürfeln zubereiten, mit Sauerkraut und allen kräftigen Gewürzen, die im Schrank zu finden sind. Bei uns sind das Thymian, Rosmarin, Kardamom, Zimt, die kamen an jede Speise, solange ich nicht protestierte.

Meine Mutter ist in allem ganz anders als ihre Mutter – vielleicht weil sie glaubt, die Erwartungen ihrer Mutter nie erfüllt zu haben, vielleicht weil beide nie ein gutes Verhältnis hatten und nicht darüber sprechen können. Auch damals, als meine Oma uns besuchte, war die Stimmung zwischen den beiden Frauen gereizt. Meine Mutter war verschlossen und abweisend, behauptete aber ständig, guter Laune zu sein. Oma redete auf sie ein, war aber selbst genervt.

Jetzt ist meine Oma fast neunzig und wir sind Fremde. Keine Erinnerung ist so lebendig, dass sie das überbrücken könnte. Meine Oma weiß nicht, wer ich bin, und ich erinnere mich an eine Frau, ein Haus mit Garten und einen Stachelbeerstrauch, einen Tag am Deich und die alten Schulkleider meiner Mutter, die ich eine Weile tragen durfte. Bei meiner Oma habe ich »braunen Tee« getrunken, schwarzen Tee mit Milchpulver, den ich mit »Kluntjes«, Kandiszucker, süßen durfte. Ansonsten aber haben wir keine gemeinsamen Erinnerungen, wir schreiben uns keine Karten, senden uns keine Fotos.

Meine ganze Familie ist eine Ansammlung von Fremden, auf der Seite meines Vaters wie auf der Seite meiner Mutter. Das war nicht immer so, hat sich aber im Laufe der Jahre so ergeben.

Unsere Familiengalerie ist schnell abgeschritten: Meine Mutter hat eine ältere leibliche Schwester, Tante Magda, und zwei jüngere Halbgeschwister, Tante Ingrid und Onkel Erik. Tante Magda ist mit sechzehn zu Hause ausgezogen und mit achtzehn nach Amerika ausgewandert. Ihr Deutsch hatte einige Jahre später einen starken amerikanischen Einschlag. Sogar auf den wenigen Postkarten, die wir von ihr bekommen, schreibt sie Denglisch. Tante Magda ist rothaariger und etwas rundlicher als meine Mutter. Im Gesicht ist sie ihr bis heute immer noch sehr ähnlich. Einmal waren Magda und ihr Sohn bei uns, als ich klein war. Sie haben eine Marionette mitgebracht, einen riesigen knallblauen Vogel mit langem Hals wie ein Strauß. Magda hat vor einigen Jahren einen Farmer in Montana geheiratet, den sie übers Internet kennengelernt hat. Ihr Sohn aus erster Ehe war Breakdancer und das, was man einen »schwierigen Jugendlichen« nennt. Jetzt scheint sein Leben geordnet zu verlaufen. Magda hat uns ein Foto von ihm mit seiner Freundin geschickt. Neulich sind wir Facebookfreunde geworden.

Mein Onkel Erik ist das zweitjüngste der vier Geschwister. Er hat eine feste Lebensgefährtin, keine Kinder und lebt in Bremerhaven. Ihn habe ich wohlwollend gönnerhaft in Erinnerung. Er war der Erfolgreiche in der Familie, weil er auf dem zweiten Bildungsweg eine Ausbildung abgeschlossen und einen guten Job bekommen hat. Einer seiner Besuche ist die schönste Silvestererinnerung, die ich habe. Meine Mutter war gut gelaunt, mein Onkel hat Buletten mit Schafskäse und Tzatziki gemacht, wir zündeten Wunderkerzen an, und um Mitternacht haben wir Blei gegossen. Als ich dreizehn war, haben wir ihn in Bremerhaven besucht. Er gab meiner Mutter und mir etwas Geld, damit wir shoppen gehen konnten. Ich kaufte Schnürschuhe mit Absatz und einen langen Rock. Meine Mutter gönnte sich eine leichte Sommerhose. Es war toll, das Geld auszugeben. Aber danach quälte mich das Gefühl, etwas schuldig zu sein. Am liebsten hätte ich die Sachen zurückgebracht.

Meinen Onkel fand ich damals cool. Er hat mir Paul Simons »Concert in the Park« auf Kassette kopiert. Das habe ich viele Jahre gehört. Aber wenn man meinen Onkel angerufen hat, dann war er nie erreichbar. Er hat als einziger in der Familie meiner Mutter keine ernsteren psychischen Probleme, er hat es nur zuweilen mit dem Magen.

Ingrid und Erik schauen manchmal nach der Oma. Als sie achtzig wurde, kam der Vorschlag auf, ein Familienessen zu organisieren. Es wäre das erste gewesen. Aber der Plan ist schnell wieder begraben worden. Man hat sich nichts zu sagen.

Meine Tante Ingrid, die Halbschwester meiner Mutter, habe ich zuletzt gesehen, als ich fünfzehn war. Sie ist geschieden und lebt mit ihrem mittlerweile erwachsenen Sohn in Hamburg. Als ich klein war, wohnte sie in Berlin und hat weiße und rosa Schokolinsen für mich aus ihren Pulloverärmeln hervorgezaubert.

Am deutlichsten ist mir ein Besuch bei ihr im Gedächtnis geblieben, als ich, damals war ich dreizehn, in Hamburg unbedingt das Musical *Cats* sehen wollte. Meine Freundin und ich kannten alle Songs daraus auswendig. Außerdem träumten wir beide davon zu tanzen, meine Freundin wollte Schauspielerin werden, ich Ballerina. Einen Tanz von *Cats* hatten wir in meiner Ballettgruppe einstudiert und aufgeführt. Meine Eltern kratzten das Geld für eine der teuren Eintrittskarten zusammen. Fünfzig D-Mark für die hintersten Reihen im Rang. Ich fuhr allein, für mehr reichte das Geld nicht. Die Aufführung war ein großes Erlebnis. Ich saß allein im Rang. Die zehn Reihen vor mir waren leer. Ich habe jede Sekunde genossen. Und ich hätte nicht im Traum daran gedacht, meinen Platz zu verlassen und mich auf einen der freien Plätze weiter vorne zu setzen.

Zwei Tage später ist mein Vater gekommen, um mich aus Hamburg abzuholen. Er war kein gern gesehener Gast. Seine Haare waren schon damals widerspenstig, er rauchte, und ich spürte, dass meine Tante ihn nicht gerade herzlich fand. Mein Vater ärgerte sich, dass er mich schon morgens um halb acht abholen sollte, obwohl es keine günstige Übernachtungsgelegenheit in der Nähe gab. Ich stand zwischen den beiden und fühlte mich sehr unbehaglich. Ich war das erste Mal allein mit meinem Vater auf Reisen. Er wollte auf dem Rückweg nach Berlin ein paar Abstecher machen inklusive einer Nacht in einem billigen Hotel. Unterwegs fuhren wir mit dem Auto an Stationen aus seinem Leben vorbei, die etwas mit seiner Kindheit, Jugend und seiner Flucht aus der DDR zu tun hatten. Er sah sich und seine Geschichte, ich sah nur einsamen Beton und Gestrüpp.

Meine Mutter und meine Tante Ingrid schreiben sich ab und zu Postkarten, früher waren es Briefe und Päckchen. Ingrid ist die Lieblingsschwester meiner Mutter. Als ich vor zwei Jahren in Hamburg ein Praktikum machte, habe ich meiner Mutter gesagt, sie könne meiner Tante meine Telefonnummer geben. Wenn sie wolle, komme ich sie besuchen. Meine Tante hat nicht angerufen. Es sei alles zu viel, hat sie meiner Mutter später geschrieben. Meine Tante ist körperlich gesund, aber sie hat seit Jahren psychische Probleme. Vor ein paar Jahren hat sie sich bescheinigen lassen, dass sie schwerbehindert ist.

*

Über die Familie meines Vaters ist auch nicht viel zu sagen: Mein Vater hat eine Schwester, Lilli, die ebenfalls in Berlin lebt. Als sie jung war, hat sie Zwillinge bekommen, meine beiden Cousins Markus und Georg, und später eine Tochter, meine Cousine Susanne. Georg arbeitet bei BMW und hat seiner Familie ein Haus in Falkensee hinter der Berliner Stadtgrenze gebaut. Er ist erfolgreich, ein fleißiger

Bürger, der ordentlich abrechnet, und einer, der mächtig stolz auf seine eigenen Leistungen ist. Markus hat bei der Bahn gelernt, musste sich aber nach kurzer Arbeitslosigkeit neu orientieren. Susanne ist die Einzige, die eine akademische Karriere absolviert und schon überall gewohnt hat, nur nicht in Berlin. Sie ist auch die Einzige, die sich in den letzten Jahren aktiv um einen Kontakt zu mir bemüht hat. Dafür bin ich dankbar.

Die Mutter meines Vaters, Oma Zimmer, überlebte ihre beiden Ehemänner und wohnte in Berlin. Sie ist hundert geworden. Ich habe sie das letzte Mal 2009, kurz vor ihrem Tod, gesehen – in meinem Kopf ist das Bild einer herrischen Frau mit lichten roten Locken und einem krummen Rücken. Mich hat sie überhaupt nicht wahrgenommen, in ihren Augen gehörte ich nicht wirklich zur Familie. Zu Weihnachten hat sie uns durch meinen Vater einige Jahre lang zwei Lidltüten mit Süßigkeiten geschickt. Aber da mir niemand beigebracht hat, wie man sich bedankt, und ich ohnehin kein Verhältnis zu der fremden Frau hatte, blieben die Tüten irgendwann aus.

Mein Bild von Oma Zimmer ist vor allem geprägt von den Erzählungen meines Vaters. Mein Vater hat sich sein Leben lang an der Beziehung zu seiner Mutter abgearbeitet. Seine Mutter hatte kein Verständnis für seine künstlerischen Interessen und Träume. Ihr Ideal war immer der »Praktikus«, sagt mein Vater. Ich selbst erinnere mich nur an eine Begegnung mit ihr. Da war mein Vater gerade von der See wiedergekommen. Beide schwärmten wir für Moby Dick, den weißen Wal. Mein Papa wusste nicht viel über Kinderspiele, aber er konnte Meerjungfrauen, Fische, Schiffe und Wale zeichnen. Wenn er schon mal da war, bekam ich eigentlich immer seine ungeteilte Aufmerksamkeit. Aber diesmal, bei Oma Zimmer, war es anders. Sie redete und redete auf ihn ein. Im Fernsehen lief gerade der Spielfilm »Moby Dick« an. Vielleicht wollte ich das meinem Vater sagen oder mich ihm einfach nur ins Gedächtnis rufen. Auf jeden Fall habe ich meine Oma unterbrochen: »Jetzt sei doch mal still, du Schnatterente!« Ich war damals drei Jahre alt, es war nicht böse gemeint. Aber meine Oma war beleidigt, sie hielt mich für schlecht erzogen. Mein Vater fand es lustig, er selbst hätte das nie gewagt.

Meinen Vater verbindet eine Hassliebe mit seiner Familie. Er hätte mich vor dem ganzen Getratsche und nervigen Gequatsche schützen wollen, sagte er einmal, als ich ihn fragte, warum er mich nie zu den jährlichen Familientreffen mitgenommen hatte. Was wäre denn passiert, wenn jemand auf die Idee gekommen wäre, mich und meine Mutter einzuladen?

Jahrelang wohnte mein Cousin mit seiner Frau und seiner kleinen Tochter in der gleichen Straße wie meine Mutter und ich, auch sein Bruder hatte keine zehn Minuten von uns entfernt am Kiesteich eine Wohnung. Getroffen haben wir uns trotzdem nicht – irgendwie hat keiner von uns diese Möglichkeit je in Betracht gezogen. Und eines Tages kroch ein Verdacht in mir hoch: Mein Vater hat vielleicht meine Cousins besucht, ohne bei mir vorbeizusehen, auch wenn ich nur wenige Häuser weiter zu finden war. Oder er ist noch schnell zu ihnen gegangen, wenn er sich früh wieder von mir verabschiedete – er müsse »noch weg« –, obwohl er, wie oft, Stunden zu spät gekommen war. Er bestreitet das heute. Er habe mich immer besucht, wenn er in der Nähe war.

Ich bin in der Familie Zimmer ein verdrängtes Kind. Keiner nimmt meinen Vater in seiner Vaterrolle ernst. In seiner Jugend galt er noch als der coole Onkel, der Hallodri, danach aber bald als Loser, als einer mit psychischen Problemen und abgebrochenen Ausbildungen. Er war der, der nicht weiterkam, während die anderen beiden erwachsen wurden und Karriere machten. Heute ist mein Vater das schwarze Schaf der Familie, das sich selbst ab und zu bei den anderen einlädt. Zumindest bekomme ich aus seinen Erzählungen diesen Eindruck.

Wie das sei, seine Tochter zu sein, hat mich einer meiner Cousins auf unserem ersten Treffen gefragt. Damals war ich neunzehn, kam gerade aus Schweden zurück, wo ich mein Abitur gemacht hatte. Ich wusste nicht, was ich antworten sollte.

Wenn wir uns heute zufällig bei meinem Vater begegnen, gehen wir respektvoll miteinander um. Aber solche Begegnungen gibt es nicht oft.

KAPITEL DREIZEHN

Wartenummer 072

In dem mein Vater versucht, Kurierdienstfahrer zu werden. Und ein kompliziertes System von Vermittlungs- und Kommunikationsfehlern zu keinem Ergebnis führt.

Den folgenden Auszug aus seinem Tagebuch hat mein Vater mit »Kleine Odyssee durch das Jobcenter-Wunderland« überschrieben. Er war von einer Sachbearbeiterin gebeten worden, einen »Erfahrungsbericht über die Jobvermittlung durch die Träger-Vereinigungen« zu schreiben. Ob die Form seiner Beschreibung für einen Bericht angemessen ist, sei dahingestellt. Dennoch hat er genau dokumentiert, was sich zugetragen hat.

In seinem Text sind typische Merkmale der Gattung »Jobcenter-Erzählung« wiederzufinden. Zum einen ist das die immer wiederkehrende Charakterisierung der Sachbearbeiter. Ob jemand freundlich, ruhig oder herablassend und unaufmerksam ist, scheint für die »Kunden« von großer Bedeutung zu sein. Ob der Sachbearbeiter zuhört, entscheidet darüber, wie offen sie sich trauen, über ihre Wünsche und Probleme zu reden.

Zweitens treten immer wieder in der Struktur des Betreuungs- und Vermittlungsauftrags Unstimmigkeiten und Konflikte auf. Diese werden auch in der Geschichte meines Vaters sichtbar. Wie bei meinen Eltern besteht bei vielen Jobcenter-Kunden das Problem, dass diese ihre Fähigkeiten, sind sie nicht zerti-

fiziert, auch nicht selbst benennen können oder falsch einschätzen.

Drittens verblüfft die hilflose Naivität der Vermittler und Sachbearbeiter, wenn es darum geht, Einstiegskriterien für einen Job zu bewerten und ihre Kandidaten daraufhin einzuschätzen.

Alle Namen der Arbeitgeber und Sachbearbeiter sowie die Einrichtungen im folgenden Text wurden anonymisiert.

Dienstag, 27. 09. 2005

Jobcenter, Zimmer 124. Herr Kalmer ist ein angenehmer, ruhiger Mensch. Er hat mir zwei Arbeitsangebote vorgelegt. Ich habe ihn zum Thema Kurierdienst und Kleintransporte befragt. Diesbezüglich besteht keine Hoffnung, sagt er. Ganz zu schweigen davon, im Ausland arbeiten zu können.

Donnerstag, 28. 09. 2005

Herrn Kalmer angerufen. Das erste Angebot ist weg. Betreffs des zweiten habe ich einen Termin am Dienstag.

Dienstag, 04. 10. 2005

Verein zur Förderung von Arbeitslosen. Wahrscheinlich Betreuungsdienste: alte Leute im Rollstuhl fahren, einkaufen gehen und Ähnliches. Vielleicht auch Fahrdienste möglich. Fand meine eigene Handynummer nicht. Draußen auf dem WC noch mal gesucht. Von Frau Dinkel Vorstellungstermin erhalten bei einer Diakonie-Station.

Mittwoch, 05. 10. 2005

Telefonat mit der Diakonie-Station. Soll morgen zum Projektleiter Herrn Maier kommen.

Donnerstag, 06. 10. 2005

Nach Warten (Kaffee bekommen) Gespräch mit Herrn Maier. Lebenslauf erzählt. Er fragte mich, ob ich Atembeschwerden habe. Er habe von meinem Sprechen her diesen Eindruck. Das Rauchen, antwortete ich. Er sagt, es gäbe vielleicht auch die Möglichkeit, VW-Bus zu fahren. Werde wahrscheinlich am nächsten Montag anfangen.

Montag, 10. 10. 2005

Anruf von Herrn Maier. Sie nehmen mich nicht.

Dienstag, 11. 10. 2005

Anruf Jobcenter. Herr Kalmer ist nicht da.

Telefonat mit Frau Dinkel vom Verein zur Förderung von Arbeitslosen. Sie will sich um eine neue Stelle bemühen. Sie war sehr freundlich.

Mittwoch, 12. 10. 2005

Telefonat mit Herrn Kalmer: Habe ihn um eine Beratung in Richtung Selbstständigkeit zur Ich-AG, speziell Kurierdienst mit eigenem Pkw, gebeten. Er will mir Bescheid geben.

Anruf von Frau Dinkel (AFB). Neuer Vorstellungstermin für morgen.

Donnerstag, 13. 10. 2005

Gespräch mit der Leiterin eines kleinen Pflegeheimes. Sie ist Afrikanerin und schon sehr lange in Deutschland. Sie war besonders freundlich. Wir haben eine Weile über allgemeine Dinge gesprochen, Politik und Persönliches. Sie sagte wörtlich (Zitat, kein Eigenlob): »Sie sind ein sehr angenehmer Gesprächspartner. Sie sind ein besonderer Mensch. Das merke ich sofort. Bei vielen bin ich froh, wenn sie nach drei Minuten wieder draußen sind, aber das Gespräch mit Ihnen ist interessant und anregend.« Sie hat mir Kaffee angeboten.

Leider könne sie mir, was einen Job betrifft, nicht helfen. Die Mobilitätsdienste werden in ihrem Haus vom festangestellten Pflegepersonal mit übernommen. Sie weiß gar nicht, wieso man mich zu ihr geschickt hat.

Telefonat mit Frau Dinkel vom Verein zur Förderung von Arbeitslosen. Habe ihr den Ausgang dieser Vorsprache mitgeteilt.

Anruf beim Jobcenter. Herr Kalmer ist nicht da.

Anruf von Frau Dinkel. Neues Angebot. Mobilitätshelfer in einem großen Pflege- und Alten-Heim einer Hilfsorganisation.

Freitag, 14. 10. 2005

Telefonat mit dem Pflege- und Alten-Heim. Termin Dienstag, elf Uhr.

Dienstag, 18. 10. 2005

Vorsprache bei Herrn Schmitz. Er will mich nehmen. Montag acht Uhr ist Arbeitsbeginn.

Donnerstag, 20. 10. 2005

Anruf Jobcenter. Herrn Kalmer Arbeitsbeginn mitteilen.

Montag, 24. 10. 2005

Acht Uhr im Pflege- und Alten-Heim. Unten kurz auf Herrn Schmitz warten. Mit ihm durch den Speisesaal auf eine Station gehen. In der zweiten Etage werde ich einer Schwester übergeben. Irgendwie war die Rede von Dienstkleidung und Betten abziehen. Das macht mich stutzig. Dann werde ich in einen Aufenthaltsraum gesetzt, zu sechs dementen alten Frauen, die ich füttern und aufheitern soll. Keiner kümmert sich um mich. Die Schwester macht den Fernseher an.

Ich komme mir völlig hilflos und verloren vor. Die Frau neben mir spricht nicht, kann nicht mehr selbständig essen. Schiebe ihr mit der Gabel Marmeladenhäppchen in den Mund.

Keiner kümmert sich um mich, keinen kann ich fragen, keiner gibt mir eine Aufgabe. Zur Mobilitätshilfe kommen andere Leute, die die Patienten mit den Rollstühlen abholen. Ich sehe mich plötzlich zum Hilfspfleger verladen. Einziger Kontakt zu einem jungen Mann, ebenfalls Ein-Euro-Jobber, der sich den Pfleger-Job hat andrehen lassen. Er kann aber sehr gut mit diesen Patienten umgehen. Ich bin bedient.

Soll eine alte Frau in ihr Zimmer fahren. Sie wollte inhalieren, aber nun gibt es Mittagessen. Wenn man sie besser kennt, kann man sich halbwegs mit ihr verständigen. Ich glaube, sie war in ihrer Jugend mal sehr schön.

Mittagessen. Ich muss die, neben der ich schon beim Frühstück saß, füttern. Sie ist total dement, eigentlich nur noch ein Lebewesen. Dieses Geklecker und Geschmiere, fürchterlich. Mir wird immer klarer: Man hat mich verladen. Wenigstens etwas tröstet mich für später: Es gibt hier nur Einzelzimmer, auch für nicht Zahlungskräftige wie mich.

Die Spätschicht kommt und mit ihr die Chefin von der

Station. Sie ist recht freundlich und verständig. Sie sieht ein, dass ich das hier nicht machen kann. Ich will auch nicht. Sie rief dann Herrn Schmitz an. Warten. Herr Schmitz meint, das gehöre alles als Mobilitätshelfer mit dazu, so etwas wie »Essen reichen«. Aber das hier ist kein Essen-Reichen, das ist eindeutig Füttern. Die Stationschefin sagt: »Viel jüngere haben hier schon nach einem halben Tag die Segel gestrichen.« Damit war der Dienst zu Ende.

Dienstag, 25. 10. 2005

Anruf Jobcenter. Herr Kalmer ist nicht da.

Mittwoch, 26. 10. 2005

Anruf Jobcenter. Herrn Kalmer Bescheid geben, dass Heim-Job geplatzt ist.

Freitag, 28. 10. 2005

Telefonat mit Frau Dinkel vom Verein zur Förderung von Arbeitslosen. Kann meine neun Euro vom Johanniter-Heim am Freitag holen.

Dienstag, 01. 11. 2005

Fahre zu einem Verein, der sich um berufliche Bildung kümmert. In einem Vortragsraum werden allgemeine Informationen ausgegeben. Der Verein macht einen guten Eindruck. Bekomme einen Termin für Einzelberatungsgespräch.

Dienstag, 08. 11. 2005

Termin Einzelberatungsgespräch. In dem Fenster vom Haus gegenüber saß ein schwarz-weißes Kätzchen. Zigarette.

Erst mal weiß keiner von meinem Termin. Nach eineinhalb Stunden Warten lässt man mich zu einem Herrn Morle. Der sitzt dort mit einer Sekretärin in seinem Zimmer, fummelt an seinem Computer herum und hört mir nur sehr oberflächlich zu. Er bietet mir eine Stelle als Busfahrer an. Sehr viel Umgang mit Fahrgästen – Nein, danke. Ich habe auch gar keinen Busführerschein.

Dann hat er noch einen Kurierjob mit eigenem Pkw bei einem Kurierdienst auf 400-EUR-Basis. Das will ich machen. Herr Morle gibt mir die Telefonnummer des Arbeitgebers mit. Ich soll Herrn Morle noch einen Bericht über meine Aktivitäten schreiben und diesen verdammten tabellarischen Lebenslauf.

Kaiser-Wilhelm-Str. »S-Bahn«, Folienkartoffel und Tee. Im Auto Telefonat mit Kurierdienst Schwalbe. Soll am Samstag um 13 Uhr vorbeikommen.

Freitag, 11. 11. 2005

Zum Jobcenter. Unten bei der Vorabfertigung ist eine Warteschlange. Änderungsbescheid, Nachzahlung GASAG für die Gasabrechnung. Ich habe kein Geld mehr. Gehe hoch zum Wartebereich zu Herrn Kalmer, aber es war jemand drin. Ich will ihm Bescheid sagen, dass ich beim Einzelberatungsgesprächstermin gewesen bin. Er schickt mich zu einer anderen Sachbearbeiterin. Sie war sehr nett. Habe ihr gesagt, dass ich mit der Arbeitsweise der Trägervereine nicht zufrieden bin, auch nicht mit dem Verein, der sich um berufliche Bildung kümmert. Sie war sehr freundlich. Warte circa eine Stunde. Werde dann zu Herrn Schiller gelassen. Der war auch sehr angenehm. Termin für Donnerstagnachmittag. Dann werde ich etwas Geld bekommen.

Samstag, 12. 11. 2005

Termin bei Kurierdienst Schwalbe. Mein erster Eindruck: erschreckend, ein raubeiniger Kneipentyp, ein Prolet. Der Mann macht Kurierdienste für die Pathologie und für Apotheken. Er erzählt mir was von toten Frühgeburten, dass man so etwas dort zu sehen bekomme und manche deswegen »aus'n Latschen kippen«, besonders wenn sie selbst kleine Kinder hätten. Ob ich einen solchen Anblick ertragen könne? Dann spricht er von Behältern, bei denen manchmal die Verschlüsse aufspringen und die man deshalb besonders vorsichtig und stabil lagern müsste. »Kann es passieren, dass bei einem scharfen Bremsen vielleicht eine Leber durch das Auto rutscht?«, frage ich ihn direkt. Bei mir denke ich: Normalerweise sind solche Präparate doch fest verschlossen, oft sogar plombiert, in stabilen Zink- oder Aluminiumbehältern, für die ein scharfes Bremsen bedeutungslos ist. Allein schon wegen der strengen Hygienevorschriften.

Nee, nee, so sei es nicht, sagt er, normalerweise käme der Kurierfahrer mit diesen Dingen gar nicht in Berührung. Eigenartig, das Ganze.

Dann erwähnt er noch spezielle Apothekentransporte. Besonders zubereitete, verderbliche Arzneien, die sofort in eine entsprechende Klinik müssten. Deshalb solle ich bei Stau 112 anrufen. Dann ginge der Transport im Ernstfall mit Blaulicht weiter. Seine Sprechweise ist primitiv. Er erzählt noch, was er schon für »Hirnies« gehabt habe. »Keene Ortskenntnis, Auto nach zehn Meter fahren kaputt, tausend andere Termine.« Andere hätten nicht begriffen, dass die 400 Euro monatlich natürlich auf das Arbeitslosengeld II, bis auf den Freibetrag, angerechnet werden. Manche wollten nur »schwarz« arbeiten.

Ich erwähne in diesem Zusammenhang den Jobcenter-Termin am Donnerstag um 17:00 Uhr, wegen der wichtigen Nachzahlung. Ja, das sieht er ein.

Alles in allem habe ich doch die Hoffnung, dass aus dem Job was wird. Es wäre genau das Richtige. Was schert mich das pathologische Transportgut? Dienste zwischen den Kliniken, das ist ein angenehmes Milieu, das heißt weite Touren, zum Beispiel vom Krankenhaus Friedrichshain zum Wald-Krankenhaus Spandau.

Der Prolet erwähnt auch Fernfahrten, die hin und wieder erforderlich seien. Da brauche er dann schon einen verlässlichen Mann. »Aber immer. Ich bin dabei.« Ich dachte mir dann: Egal, wie seine Art ist, man muss die Menschen nehmen, wie sie sind. Mag er ein Raubein sein, vielleicht ist er doch ein guter Kerl.

Bezüglich der Benzinabrechnung sagt er noch: »Wenn ick merke, det eener korrekt is un mich nich bescheißen will, kiek ick nich off'n Penny.«

Er erwähnt oft die »Chemie«, die stimmen müsse. Ich solle es mir überlegen. Ich will ihm morgen definitiv Bescheid sagen, aber er kann schon heute davon ausgehen, dass ich den Job mache. Er verabschiedet mich sehr freundlich.

Im Auto, fahre über die Steinstraße, Barnetstraße, Lichtenrader Damm / Bahnhofstraße zur ESSO-Tankstelle. Kaffee und Zigaretten. Ich bin optimistisch gestimmt. Das wäre der ideale Job. Morgen sage ich ihm zu.

Sonntag, 13. 11. 2005

Gegen halb zwölf Kurierdienst Schwalbe angerufen. Ich sagte ihm: »Ich mache den Job.« Er will mich bis Dienstag anrufen. Er habe noch so viel zu organisieren.

Dienstag, 15. 11. 2005

Bis achtzehn Uhr kein Anruf. Ich rufe selbst an. Eine junge Frau ist wieder am Telefon. »Hat mein Mann noch nicht angerufen?« Die Frau am Telefon sagt, es gäbe noch so viel zu klären. Sie sagt was von Informationsfahrt. »Den Job kannst du vergessen«, denke ich bei mir.

Was brauche ich erst großartige Informationsfahrten? Er soll sagen, was ich wohin fahren soll und los geht's. Das habe ich aber alles nicht gesagt. Ich wollte wissen, ob er mich nun nimmt oder nicht. Darauf konnte sie keine klare Antwort geben. Ja, ich solle mich ruhig anderweitig umsehen. Also, das war's. Die Sache ist gestorben.

Freitag, 18. 11. 2005

Telefonat mit dem Trägerverein: Bescheid gegeben, dass es nichts wird mit Kurierdienst Schwalbe. Der Mann am Telefon scheint an meiner Mitteilung etwa ebenso interessiert zu sein, als wenn ich ihm mitgeteilt hätte, dass heute in der Lüneburger Heide die Heidschnucken geschoren werden.

Dienstag, 22. 11. 2005

Jobcenter, erste Etage. Informationsveranstaltung Arbeitsgelegenheiten für Ältere. Die Moderatorin war Frau Kibitz. Es kam nichts Gescheites dabei heraus. Einige der älteren Männer malten gleich wieder den Teufel an die Wand. Wenn der Träger einen zu einer Arbeit steckt, für die man nicht geeignet ist und die den vorgeschriebenen Rahmen übersteigt. Ich dachte an mein eigenes Beispiel, klammheimlich zum Altenpfleger verdonnert zu werden. Aber es gibt keine Sanktionen, und im Zweifelsfalle ist sicher eine Klärung möglich, ehe es zu Strafmaßnahmen (Geld weg) kommt. Die müssen immer gleich übertreiben.

Erste Etage Zimmer 303 zu einem Herrn Droch. Das war ein freundlicher Herr. Hat mir eine Arbeitsgelegenheit mitgegeben im Stadtteilzentrum. Vielleicht ist da was mit Autofahren drin.

Mittwoch, 23. 11. 2005

Termin Stadtteilzentrum: Eine ganze Weile warten. Kaffee und Keks. Zum Rauchen raus auf die Terrasse. In der zweiten Etage liegt ein kleines Büro mit Giebelfensterchen. Frau Roser sagt, ich solle Kinder bei den Hausaufgaben betreuen. Das kann ich nicht und will ich nicht. Ich habe keinerlei »Führungsqualitäten«, jedenfalls nicht gegenüber einer Gruppe. Die zünden mir ein Streichholz an der Nase an. »Sie machen einen frustrierten Eindruck«, sagt Frau Roser. Und dann fängt sie auch noch an mit meinen »ungepflegten Haaren«. Welcher Mann hat in meinem Alter noch solches Haar? Und da soll ich zum Friseur? Kommt nicht in Frage. Ich hasse den korrekten Haarschnitt. Verweise Frau Roser auf die hübschen und intelligenten Frauen, die meinen »Wuschelkopf« immer süß fanden. Dann war Frau Roser mit meinen Fingernägeln nicht zufrieden. Na ja, die sind brüchig.

Falls etwas mit Fahrdiensten möglich sein sollte, will sie mich anrufen. Eventuell Essen fahren. Eventuell gleich für mehrere Projekte, wegen der Auslastung. Alles in allem war diese Frau Roser dennoch freundlich und nicht unangenehm.

Freitag, 25. 11. 2005
Telefonat mit dem Jobcenter über den Ausgang der Vorsprache beim Stadtteilzentrum.

Freitag, 09. 12. 2005
Anruf vom Stadtteilzentrum. Absage. Frau Roser will mich nicht. Was die Kinderbetreuung betrifft, sehe ich das ein.

Dienstag, 13. 12. 2005
Elf Uhr Termin mit Herrn Morle vom Verein, der sich um berufliche Bildung kümmert. Er ist ja ein recht netter Kerl, aber sein Optimismus ist für mich nicht nachvollziehbar. Vielleicht gehört das zu seinem Job und er will natürlich Leute loswerden, also vermitteln. Davon hängt möglicherweise die finanzielle Förderung der Gesellschaft ab und damit auch sein eigener Job. Er meint, ich solle aus meinem tabellarischen Lebenslauf die DDR-Haftzeit herausnehmen. Das könnte falsch interpretiert werden, etwa so: »Er ist nicht zurechtgekommen und deshalb abgehauen.« Ich kann diesen Gedankengang nicht nachvollziehen. Es steht da eindeutig: »U-Haft im Ministerium für Staatssicherheit (MfS) Frankfurt Oder wegen Passvergehen (Fluchtversuch aus DDR).« Ich bin ein rehabilitiertes Stasi-Opfer und nie ein Vorbestrafter gewesen. Ich weiß nicht, was ich von Personalchefs halten soll, die da etwas anderes hineinlesen.

Aber mal ganz ehrlich, als ob das bei diesem Lebenslauf überhaupt eine Rolle spielt. Herr Morle soll mich bloß nicht zu einem Bewerbungsseminar schicken. Riesenaufwand für null Erfolg. Über eine reguläre Bewerbung werde ich nichts finden. Nicht in einer Zeit, in der hochquali-

fizierte 45-Jährige schon keine Chance mehr haben. Ich bin 62. Bei mir geht das höchstens noch so:
– Führerschein haste?
– Fahr'n kannste?
– 'n Auto haste?
– Punkte haste keene?
– Alkohol am Steuer is' nich'?
– Herzinfarkt, Ohnmachtsanfälle haste keene?
– Denn kannste anfang'.

Das ist nicht pessimistisch, lieber Herr Morle, sondern realistisch.

Mein Lebenslauf sei gar nicht so schlecht, sagt er, ich hätte doch vieles unternommen. Ich denke an das Lied von Erika Pluhar »Man hat vieles gut begonnen, doch am Ende schlecht gemacht. Morgen muss es weiter geh'n, d'rum gute Nacht.«

Er sucht mir noch ein Stellenangebot raus. »Busfahrer: Umgang mit schwierigen Menschen«. Ich mache ihn wieder darauf aufmerksam, dass ich zwar den Taxi-, aber keinen Busschein habe. Nach Herrn Morle könnte mit dem Busschein ja der Taxischein gemeint sein und mit den schwierigen Menschen vermutlich Behinderte.

Zu Hause telefoniere ich mit dem Arbeitgeber: Es ist der richtige Busschein gemeint und die schwierigen Menschen sind wahrscheinlich besoffene Fußballfans. Besten Dank, ohne mich!

KAPITEL VIERZEHN

Vom Wurm und dem unsichtbaren Drachen namens Ohnmacht

In dem das Gefühl der Ohnmacht der unbesiegbare Drache ist, gegen den meine Mutter jeden Tag ins Feld zieht, während mein Vater versucht, aus sicherer Entfernung mit ihm fertig zu werden.

»Wenn ich kalt geworden nach Hause komme, suche ich in meinem leer gewordenen Gesicht nach dem Lächeln, das ich draußen vermisst habe und selbst nicht geben konnte. Ich vergesse, dass die Suche in meinem Gesicht alles nur schlimmer macht.« Mama

Als meine Mutter nach ihrem abgebrochenen Abitur zum ersten Mal in ihrem Leben Sozialhilfe beantragte, suchte sie nach anderen Betroffenen. In dem Berlin-Magazin »Zitty« stieß sie auf die Anzeige einer Frauengruppe, die sich regelmäßig traf, um Überlebenstricks und Tipps auszutauschen. Dort hat meine Mutter gelernt, dass man zweimal im Jahr Kleidergeld beantragen kann. Eine der Frauen habe sich mit allen Paragraphen ausgekannt und alles eingefordert, was möglich war, erinnert sich meine Mutter. Sie selbst wollte das nicht. »Ich habe für uns immer nur das beantragt, was wir wirklich brauchten. Darauf war ich stolz«, sagt sie noch heute.

Manchmal hätte ich mir gewünscht, sie wäre weniger stolz gewesen. Zum Beispiel damals, als wir von Kreuzberg nach Spandau umgezogen sind und in der neuen Wohnung keinen Waschmaschinenanschluss vorfanden. Wir hatten die alte Waschmaschine nicht mitgenommen, sie schleuderte nicht mehr. Meine Mutter konnte weder den Anschluss noch eine Reparatur bezahlen, eine neue Waschmaschine aber, das hatte sie so gehört, würde man erst ab zwei Kindern bewilligt bekommen. Also wusch sie unsere Wäsche fast drei Jahre in der Badewanne. Aus dem pfeifenden Teekessel wurde kochendes Wasser nachgeschüttet. In der Wanne musste sie sich tief über den Rand beugen, das ist für den Rücken auf Dauer eine Tortur. Mir war schon die Handwäsche im Waschbecken zu anstrengend, wenn ich ein Tuch, ein Balletttrikot oder ein T-Shirt ausspülen musste. Am Ende wurden die Wäschestücke mit der Hand ausgewrungen. Das geht sehr auf die Handgelenke. Wenn ich beim Auswringen half, wollten die langen Handtücher und Laken kein Ende nehmen. Mir taten längst sämtliche Finger weh, wenn es meiner Mutter immer noch gelang, Wasser aus den schweren Stoffwürsten zu pressen. Aber 1986 war sie körperlich so erschöpft, dass sie sich endlich dazu durchrang, eine Waschmaschine für uns zu beantragen. Sie fühlte sich immer noch, als würde sie etwas Unverschämtes einfordern. Weil die Frau, bei der sie ihren Antrag begründen musste und mit der sie dachte, sich offen über ihre Lebenslage unterhalten zu können, ihr unterstellte, dass sie ihren Wunsch, eine Arbeit zu finden und ihre Schwierigkeiten dabei nur deshalb zur Sprache brachte, damit die Maschine bewilligt wurde. Das hat meine Mutter sehr gekränkt. Die Maschine hat sie bis 2012 benutzt.

Meine Mutter kann sich nicht erinnern, dass man ihr auf dem Amt je einen solchen Antrag, den sie eh nur stellte, wenn sie etwas für unbedingt notwendig hielt, abgeschlagen hätte, aber es hat sie auch kein Sachbearbeiter über ihre Rechte aufgeklärt, über all jene Möglichkeiten, mit denen sie sich die eine oder andere Erleichterung hätte verschaffen können. Strukturell ähnliche Erfahrungen machen alle, die auf das Jobcenter angewiesen sind. Es ist eine wohlfahrtsstaatliche Einrichtung, aber keine demokratische Institution.

*

Jeder, der einmal mit dem Jobcenter zu tun hatte, kennt diesen Moment der Verwandlung, wenn man durch den Eingang des Gebäudes tritt, um sich entweder in die Schlange vor den Schreibtischen im Untergeschoss einzureihen oder geradewegs auf eine bestimmte Etage zum Sachbearbeiter zu gehen. Auf der Schwelle häutet man sich, streift seine Identität ab und lässt sie wie eine alte Hülle draußen vor der Tür liegen, um sich nun die Jobcenter-Kunden-Haut überzuziehen. Die ist empfindlich, spannt, sie ist auch nicht besonders reißfest und schützt die darunter liegende Unsicherheit nur dürftig. Welche Erfolge man im Leben auch erzielt haben mag, hier werden sie nichtig. Denn nun wird man zum »Transferleistungsempfänger« reduziert.

Beitragsempfänger sind Schattenwesen. Außerhalb des Amtes haben sie alle eine Identität. Sie sind Mütter, Töchter, Söhne, Väter, manchmal mit dramatischen Schicksalen.

Als Beitragsempfänger zählt vor allem ihre Kooperationsfähigkeit, Individualität wird eher abgestraft. Von Beitragsempfängern wird Gehorsam erwartet. Nur wer unendliche Geduld aufbringt, erreicht etwas, oder wer forsch zu fordern versteht. Allerdings muss man genau wissen, wann man die Regeln einhalten und wann man sie missachten muss, um vorwärts zu kommen. Eine deutsche Wissenschaft.

Beitragsempfänger feilschen Tag für Tag um kleine Summen. Entweder mit anderen oder mit sich selbst. Größere Beträge haben etwas Unwirkliches. Versicherungen und Bausparverträge sind für Beitragsempfänger wie Werbung im Westfernsehen für DDR-Bürger vor der Wende – sie haben nichts mit ihrem Alltag zu tun. Von der Rente ganz zu schweigen. Aber bis dahin hat sich wahrscheinlich alles wieder geändert. Dieser Gedanke hat letztlich etwas Tröstliches.

Dass man jede noch so kleine Summe rechtfertigen muss, hat meine Mutter immer am meisten an Hatz IV gestört. Man käme sich dadurch wie ein unmündiger Mensch vor. Weil man mit jedem noch so unbedeutenden Anliegen zum Bittsteller werde, meint sie, entstehe ein Dauergefühl der Demütigung, und dabei müsse man auch noch immer sachlich bleiben und geduldig hinnehmen, was man nicht ändern könne.

Das Gefühl der Ohnmacht, das sich spätestens einstellt, wenn man den Erstantrag ausfüllt, kennt vermutlich jeder Kunde des Jobcenters, auch wer nicht gerade zu überempfindlichen Reaktionen neigt. Es geht dabei in den meisten Fällen auch gar nicht darum, dass man ausgesprochen schlecht behandelt wird oder gar beleidigt. Vielmehr ist es die Beratungsstruktur des Jobcenters, die dieses Ohnmachtsgefühl erzeugt. In einem Forschungsbericht des Instituts für Arbeitsmarkt- und Berufsforschung (IAB) heißt es zur Arbeitsweise der Arbeitsvermittler: »Ein auf Standardisierung zielendes Profiling (ist) in der Praxis der Kundenbetreuung auf *subjektive Interpretationsleistungen* der Vermittler angewiesen.« (IAB Kurzbericht Nr. 214.12.2006) Profiling bedeutet, dass der Sachbearbeiter den Kunden auf seine »Vermittlungsfähigkeit« einschätzen muss. Dabei bewertet er berufliche Qualifikation, sonstige Fähigkeiten und Kenntnisse und auch den Charakter, Verlässlichkeit, Kooperationswillen und die Arbeitsmotivation des Kunden. Dinge, die sehr schwer objektiv zu beurteilen sind, wenn man sich nicht kennt – noch schwerer, wenn man aus unterschiedlichen Lebenswelten kommt oder gar aus unterschiedlichen Kulturen. Und dann muss der Sachbearbeiter auch noch den Spagat zwischen Beratung und Kontrolle in seinem Handeln hinkriegen. Ein anspruchsvoller Job, bei dem viele Fallstricke, Missverständnisse und Übersetzungsprobleme vorprogrammiert sind.

In dem Bericht des IAB wird darauf hingewiesen, wie notwendig die Fähigkeit der Vermittler ist, ihre »Kunden« zum »Sprechen« zu bringen. Welch eine Idealvorstellung! Voraussetzung für einen solchen Dialog wäre doch, dass die Vermittler ein Verständnis für die Situation ihrer Kunden entwickeln. Wie aber soll das möglich sein angesichts vieler Bedingungen und Bestimmungen, denen auch die Berater selbst unterliegen und die dazu führen, dass letztlich jedes Gespräch zwischen Kunde und Vermittler wie ein Prüfungsgespräch verläuft, in dem es richtige und falsche Antworten gibt. Eine solche Gesprächsstruktur ist nicht dialogisch, sondern fußt auf eingleisigen Kommunikationskanälen – die Behörde, der Vermittler als ihr Repräsentant, entscheidet, was möglich ist, nicht der Kunde.

Ein offener, auf Verständnis zielender Dialog setzt außerdem eine Vertrauensbasis der »Kunden« zu ihren Vermittlern voraus. Doch in meinem Bekannten- und Kollegenkreis habe ich noch niemanden getroffen, der die Beziehung zu seinem Vermittler als ein wirkliches Vertrauensverhältnis beschrieben hätte. Bestenfalls eine gewisse Sympathie, die den Sachbearbeiter, der helfen möchte, aber nicht kann, weil er an das Gesetz gebunden ist, in Schutz nimmt. Die Frage bleibt: Entweder sind das Profiling und das Gesetz nicht auf die Realität der »Kunden« abgestimmt und können auf ihre Bedürfnisse nicht flexibel genug reagieren, oder die Vermittler sind unfähig, an den richtigen Stellen passende Hilfe anzubieten. Das wiederum könnte an ihrer Kompetenz oder an ihren Arbeitsbedingungen liegen. Und solange dieses Problem nicht gelöst ist, bleibt die Beratung eine Prüfung. Und Prüfungen laden dazu ein, dass man sie mit allen Mitteln bestehen will, auch bestehen muss, denn hier geht es um die eigene Existenz. Grundstürzende Ehrlichkeit zahlt sich dabei nicht unbedingt aus.

»Gute Sachbearbeiter sind meistens nicht lange da«, habe ich meine Mutter im Laufe der Jahre einige Male sagen hören. Ein »guter« Sachbearbeiter ist einer, der freundlich ist, zuhört und verständlich Möglichkeiten und Grenzen des Sozialgesetzbuches II, das für die Hartz-IVler gilt, erklären kann. Für einen Beitragsempfänger ist die Art und Weise, wie der Sachbearbeiter auf ihn reagiert, keine nebensächliche Formfrage – es scheint für ihn oft wichtiger zu sein als die Entscheidung über Annahme oder Ablehnung eines Anliegens, weil es seine Würde betrifft. Von Seiten der Ämter wurde bisher durch das Rotationsprinzip garantiert, dass die Vermittler immer wieder wechseln und nie einer zu lange für einen Kunden zuständig ist. Es soll keine persönliche Bindung entstehen.

*

Mein Vater hat mich fast ausgelacht, als ich ihn einmal gefragt habe, warum er denn, anstatt mit dem Rollstuhl einen halben Tag auf dem Amt zu vergeuden, nicht einfach anrufe, wenn er eine Frage habe. Er hat mich angeschaut, als hätte ich ihn gebeten, mir ein Stück vom Mond zu besorgen. »Behörden kann man nicht telefonisch erreichen«, hat er nur gegrummelt und den Kopf geschüttelt über meinen weltfremden Vorschlag.

Für das Jobcenter gilt das ganz besonders, selbst dann, wenn eine Service-Hotline eingerichtet wurde. Natürlich kann man zum Telefon greifen, und wenn man Glück hat, kommt man sogar durch. Aber was man dann von dem »Service-Center« am anderen Ende der Leitung erfahren kann, lässt sich in der Regel schon im Internet nachlesen. Es sind standardisierte Auskünfte, die für spezielle Nachfragen unergiebig sind. Umgekehrt aber gilt: Verpasst man den Anruf eines Sachbearbeiters um einige Sekunden, kann man nicht zurückrufen. Man landet nicht bei ihm, sondern wiederum im Service-Center. Und die dortigen Mitarbeiterinnen können nicht durchstellen, sie können einen nur vertrösten. Hat man richtig, richtig Glück, hat der Sachbearbeiter einen Vermerk im System hinterlassen – vermutlich steht darin, dass er einen gerade angerufen und nicht erreicht hat. Bescheid folgt.

Die Struktur von Macht und Ohnmacht zeigt sich auch, wenn dem Jobcenter in einer Berechnung ein Fehler unterläuft. Dass das keine Seltenheit ist, davon zeugt die Zahl der Klagen zu unberechtigten Sanktionen und fehlerhaften Bescheiden. Im vergangenen Jahr sind 40 000 Klagen gegen Hartz-IV-Bescheide am Sozialgericht Berlin eingegangen, informiert das Internetportal gegen-hartz.de. In über fünfzig Prozent der Fälle sei das Jobcenter im Unrecht. Aber, so zitiert die Seite die Präsidentin des Sozialgerichts, für die Jobcenter seien die gerichtlichen Verfahren kostenlos.

Als mein Vater im Krankenhaus lag, wurde ihm pro forma eine Pauschale abgezogen. Er habe dort schließlich Vollversorgung, lautete die Begründung des Jobcenters mir gegenüber, und brauche deshalb nicht den vollen Satz. Mir leuchtete das nicht ein. Schließlich hatte mein Vater auch im Krankenhaus Kosten, die hierbei gar nicht berücksichtigt wurden. Doch dieses Verfahren sei Routine, man könne das abgezogene Geld später allerdings »zurückklagen«, erfuhr ich von der Sozialschwester in der Reha-Klinik meines Vaters, die sich auskannte. Ich hatte damals eigentlich keine Nerven zum Klagen und ohne die Schwester hätte ich von einer solchen Möglichkeit gar nicht gewusst. Diese Praxis, dem Kunden im Zweifelsfalle erst einmal einen Betrag abzuziehen, spart dem Jobcenter Geld. In zahlreichen Fällen vermutlich sogar nicht nur vorübergehend, sondern dauerhaft, denn viele seiner Kunden werden von der Klagemöglichkeit gar nicht wissen oder nicht in der Verfassung sein, das durchzustehen.

Das sind nicht die einzigen Geschichten zum Thema Macht und Ohnmacht zwischen dem Jobcenter und seiner Kundschaft. Besonders unverständlich sind mir jene Regulierungen des Jobcenters, die die Eigeninitiative ihrer Kunden ausbremsen. Unbezahlte oder gering vergütete Vollzeitpraktika, um seine Berufsfähigkeit zu erweitern? Schwierig. Längerfristige ehrenamtliche Arbeit in Vollzeit? Schwierig. Akademisch ausgebildete Berufsanfänger werden darauf verpflichtet, sich auf eine Senior-Managementstelle zu bewerben, weil keine passenden Jobangebote für Einsteiger im Pool vorhanden sind – auch wenn eine solche Bewerbung kaum Aussicht auf Erfolg haben dürfte. Nur wenn die Beschäftigungstherapie Ein-Euro-Job oder MAE heißt, selbst wenn sie sinnloser ist als alles, was man sich selbst ausdenken könnte, ist das gestattet. Einige Kunden schaffen es trotz all dieser Hindernisse auf den ersten Arbeitsmarkt. Andere nicht. Auf viel Ermutigung dürfen sie dabei nicht hoffen.

Als meine Mutter eine Weiterbildung zur medizinischen Schreibkraft absolvierte, um deren Genehmigung sie sich selbst bei der Agentur für Arbeit sehr lange und hartnäckig bemüht hatte, stieß sie auf Lehrer, die wenig motivierend mit ihren Schülern umgingen. An eine wirkliche Jobchance ihrer Schüler glaubten die ohnehin nicht. »Wenn Sie nicht schnell genug sind, dann können Sie das eben nicht. Das ist ein Crashkurs«, höhnte eine Lehrerin. »Das werden Sie eh nicht brauchen, wenn Sie je einen Job kriegen sollten«, reagierte ein anderer Lehrer, als es Nachfragen zu dem vorgestellten Kalkulationsprogramm gab. Aber auf den Evaluationsbögen, die am Ende der Maßnahme verteilt wurden, hat jeder der Schüler den Lehrern die bestmögliche Note gegeben. Weil keiner Stress wollte. Weil jeder froh war, die Ausbildung überhaupt machen zu dürfen. Weil alle Angst hatten, dass eine negative Äußerung doch

Auswirkungen auf die »Zusammenarbeit« und schließlich auf die Noten haben könnte. Auch meine Mutter hat sich mit Kritik zurückgehalten. Angst hemmt letztendlich die Möglichkeiten der Verbesserung. Dazu müsste eine Vertrauensbasis zwischen Lehrenden und Lernenden entstehen können. Doch die Lehrenden sind letztendlich Repräsentanten des Jobcenters.

*

Meine Mutter bringt oft kleine Tiergeschichten von ihren Spaziergängen mit nach Hause. Ein Vogel, der sich beim Lesen auf ihren Arm gesetzt hat, eine Eidechse, der sie sich vorsichtig nähert, um sie nicht zu erschrecken. Einen Tag hat sie so eine Begegnung in ihrem grünen Notizheft aufgeschrieben. Eine Parabel: »Ein kleiner Wurm liegt auf dem Straßenpflaster, er regt sich, seine eine Hälfte ist sehr erschöpft. Ich nehme ihn mit Hilfe eines weichen Stockes auf und trage ihn durch die Luft. Da habe ich Gartenerde erreicht und lasse ihn darauf nieder. Er, ein erschreckter Halbkreis, beginnt eine Spitze zu regen, dann durchläuft wohlige Entspannung seine gesamte Peristaltik. Ich freue mich.«

Ob der Wurm wohl von selbst zur Erde hätte kriechen können, wenn meine Mutter ihm ein Aktivierungsprogramm vorgeschlagen und einen Eingliederungsvertrag mit ihm vereinbart hätte? Hätte er nicht zugestimmt, hätte man davon ausgehen müssen, dass ihm nichts an einer Hilfestellung liegt.

KAPITEL FÜNFZEHN

Absparen und vernünftig sein

In dem es um das Privileg eines Dispokredits geht, das Vokabular des Sparens und um Sehnsuchtsgegenstände, deren Kauf keinen Aufschub duldet.

In einer Stunde hatten die zwei Möbelpacker unsere Wohnung ausgeräumt und verpackt. Sie waren selbst erstaunt, wie wenig wir hatten. Es war 1986, ich wurde gerade sieben Jahre alt und sollte nach dem Umzug eingeschult werden. Meine Mutter nutzte die Gelegenheit, einige der alten schweren Möbel meines Vaters loszuwerden. Obwohl ich dagegen war. Übrig blieben die zwei unbehandelten Holzregale, die Möbel aus meinem Zimmer, ein paar Sachen von meiner Mutter und unsere Kleidung.

Für das neue Wohnzimmer hatte meine Mutter einen Teppich beantragt. Das dunkelbraune Wollgeflecht, das uns von da an begleitete, war eine große Anschaffung. »Es gab etwas Geld für die Auslegware«, erinnert sich meine Mutter. »Ich suchte eine Wollmischung im Stück aus und ließ sie umsäumen. Dafür hatte ich mir selbst etwas Geld abgespart.« In solchen Fällen heißt es nicht »sparen«, sondern »absparen«. Und wo man es sich abspart, ist auch klar: vom Munde. Eine andere Variante ist, sich irgendwo etwas »abzuknapsen« oder »abzuzweigen«.

Nachdem meine Mutter die Möbel von meinem Vater aussortiert hatte und wir einen gigantischen Holzschrank aus irgendeinem Fundus für Sozialhilfeempfänger in unsere Wohnung bekamen, hat sie den Rest unserer Möbel bei IKEA zusammengestellt. Heute hätte ich wahrscheinlich alles über eBay besorgt, aber damals gab es kein Internet und Kleinanzeigen zu erschwinglichen Gegenständen nur in dem Blättchen »Zweite Hand«, das aber kostete Geld. Für meine Mutter war IKEA übersichtlich und erfüllte ihr Bedürfnis nach etwas Neuem und Sauberem.

Wochenlang blätterten wir im Katalog, maßen ab, überlegten, wogen ab, was wohin könnte, studierten Angebote, stellten immer wieder um, probierten einen anderen Esstisch aus und versuchten, durch geschickte Kombinationen die Kosten doch noch zu senken. Alle mühsam getroffenen Entscheidungen wurden dann in der Warenhalle vor Ort noch einmal überprüft.

Wie andere IKEA-Kunden auch, fanden wir in der Halle immer noch Gegenstände, Kerzen, Servietten, einen Topf, die nicht auf dem Plan standen, aber günstig waren, jedenfalls günstiger, wenn wir sie jetzt mitnahmen, als sie später woanders zu kaufen. Hier hieß »Vernunft« vordenken und dadurch sparen. Natürlich fiel dann die Endsumme höher aus als ursprünglich eingeplant. Da konnten uns schon wenige Euro ins Schwitzen bringen. Nach den Einkäufen war vor allem meine Mutter völlig erschöpft. Die Anstrengung, die sie das kostet, lässt sich an ihrer Wortwahl ablesen. »Strapaze« steht da für einen IKEA-Besuch, der für andere als Synonym für eine lustvolle Einkaufsgelegenheit mit schwedischen Fleischbällchen und Prinzessinnentorte in der Kantine steht. Von »Unglück« spricht sie bei einem kleinen Fehlkauf: eine Latte, die nicht in das Taxi meines Vaters passt; »Glück« hingegen ist, wenn das Geld an der Kasse reicht.

»Ich bewundere sie, wie sie das immer schafft, solche Einkäufe hinzukriegen«, sagte selbst mein Vater. Er fand immer etwas zu meckern, wenn er uns mit den IKEA-Einkäufen im Taxi nach Hause fahren musste. »Das passt da nie alles rein«, war sein Standardspruch. Aber er kommt und hilft, wenn er kann. Leider hat er nichts Zupackendes und ein Handwerker ist er schon mal gar nicht. Die Konzentration, Geduld und eiserne Disziplin, mit der meine Mutter IKEA-Möbel zusammenschrauben kann, hat er nicht. Hätte ich bei ihm gelebt, hätte ich sicher sehr viel mehr zu spüren bekommen, was es heißt, wenig Geld zu haben. Und dazu noch eine gehörige Portion Unmut – mein Vater schimpft über alles, was er nicht ändern kann. Meine Mutter sagt nie ein Wort. Sie ist viel zu sehr damit beschäftigt, aus dem Allerwenigsten das Meiste herauszuholen.

*

Als wir in Spandau wohnten, musste meine Mutter, solange ich bei ihr lebte, nicht zum Jobcenter, sondern zum Jugendamt. Und da, so sagt sie, sei sie »immer sehr freundlich« behandelt worden. Nur einmal musste sie sich auch dort richtig durchsetzen. Nach unserem Umzug musste sie einen Neuantrag stellen, weil die Akte nicht von Kreuzberg nach Spandau übermittelt worden war. In der ersten Zeit bekam sie deshalb das Geld vom Postboten an der Wohnungstür ausgezahlt. Zuerst pochte er an die Tür, als käme er um Schulden einzutreiben anstatt Geld auszuzahlen, und dann vergaß er nie, dabei ein hämisches Grinsen aufzusetzen. Für meine Mutter war das eine demütigende Szene. Schon wenn sie die Tür öffnete, fingen ihre Hände an zu zittern, und den Moment, wenn sie unter den Augen des Postboten das Geld nachzählen musste, fürchtete sie besonders.

Nach ein paar Wochen kam auf ihre Bitte hin das Geld wieder aufs Konto und ihr wurde ein Dispokredit gewährt, ein kleines Privileg der Unterprivilegierten. Damit hat sie uns und unsere Träume durchgebracht und in mir die Illusion genährt, dass Geld, außer für Luxusgüter, keine entscheidende Rolle spielte. Wenn andere aufs Amt mussten, um einen Vorschuss zu erbitten, der dann womöglich nur auf wiederholte Nachfrage und mit entsprechenden moralischen Ermahnungen ausgezahlt wurde, konnte sie zum Automaten gehen und Geld abheben.

Meine Mutter sagte zu vielen verschiedenen Gelegenheiten, wenn es um eine Anschaffung ging oder ihr etwas überhaupt nicht einleuchtete, immer wieder den einen Satz, der ihr Credo in allen Lebenslagen ist: »Man muss doch seinen gesunden Menschenverstand nutzen.« Gesunder Menschenverstand bedeutet, einem anderen nicht wehzutun, und sollte es doch passiert sein, seinen Schmerz zu lindern. Gesunder Menschenverstand heißt auch, dass Dinge, für die man bezahlt, eine gewisse Qualität oder einen ideellen Mehrwert haben müssen, sonst lohnt es nicht, dafür Geld auszugeben. Gesunder Menschenverstand heißt, hart zu sparen und sich trotzdem Träume zu erfüllen, die die Seele erfreuen. Und genau in diesem Punkt unterscheidet sich ihr (und auch mein) gesunder Menschenverstand von anderen. Entweder hat man Geld oder nicht, werden die meisten sagen. Aber so schlicht ist es nicht. Manchmal hat etwas einen so großen emotionalen Wert, dass selbst die Tatsache, dass man eigentlich kein Geld dafür hat, davor verblasst. Allerdings kann dieses dauernde Abwägen auch dazu führen, dass man den emotionalen Wert einer Sache überschätzt oder zu lange zögert. Ist das ein Kennzeichen von Armut?

Meine Mutter hat mich immer ermutigt, etwas zu tun oder etwas zu kaufen, das mir besonders wichtig war, auch wenn es vielleicht nicht »vernünftig« kalkulierbar war. Solche Käufe folgen einer anderen Logik, aber sie können einem oft für eine lange Zeit Freude oder Lebensqualität schenken. Und so kauft man ein zu teures Buch oder eine CD, ein Paar Stiefel oder ein Top, das man sich eigentlich nicht leisten sollte, ein Bier in der Kneipe oder Zigaretten, denn das ist der Luxus, den man sich ermöglichen kann. Meine Mutter hat auch die Anschaffung von Dingen entschieden, die vermutlich nicht jedem einleuchten. Warme Schuhe, eine gute Jacke, das sieht jeder ein, aber wer würde zum Beispiel darauf kommen, dass ein Sozialhilfeempfänger unbedingt rote Turnschuhe braucht, eine besondere Opernaufnahme oder einen Computer?

In Studien zum Kaufverhalten der weniger Kaufkräftigen zeigt sich, dass diese anders kaufen als Käufer mit mehr Kaufkraft. Kurzfristiger. Wie im Übrigen auch ihre Beziehungen kurzfristiger angelegt sein sollen, ebenso sind ihre Arbeitskraft und Lernzeit auf einen schnellen ökonomischen Rücklauf ausgerichtet. Sie leben häufiger auf Kredit – so war es bei uns auch. Andersherum hätten wir uns gar nichts erlauben können. Leichtfertig aber war meine Mutter im Umgang mit Geld nie. Sie hatte unsere Ausgaben, die nächsten Einnahmen und die Dauer des »Absparens« immer unter Kontrolle. Nicht mehr als 20 Mark für den Wocheneinkauf in der letzen Woche, erst musste wieder Geld aufs Konto kommen.

Eigentlich ist man schon im Alltag wegen der Esseneinkäufe, der vielen Kleinigkeiten für die Schule, Glühbirnen oder einer löchrigen Schuhsohle häufiger ein bisschen im Minus. Wie eine Binnenmeerwelle schwappt der Kontostand immer etwas über und etwas unter die Nullgrenze. Das erklärt auch, warum es nicht möglich ist zu sparen. Es geht einfach nicht, weil sich immer schon für den nächsten Monat eine Warteschlange an Dringlichem aufgebaut hat: neue Unterwäsche, Sportsachen oder ein Medikament müssen angeschafft oder der zu klein gewordene Wintermantel ersetzt werden. Es gibt immer etwas.

Will man eine größere Anschaffung tätigen, etwa ein richtiges Bettgestell statt der Matratze auf dem Boden oder Auslegeware für die hässlichen grauen Kacheln im Flur, muss man eine gewisse Summe als Vorschuss einsetzen, die man danach durch Absparen wieder auszubügeln versucht. Das dauert meist ein bis zwei Monate länger als berechnet, weil inzwischen schon wieder eine unvorhergesehene Ausgabe fällig wurde – eine Nachzahlung zum Beispiel auf die Stromrechnung oder eine Telefonrechnung, die die strenge Vorgabe gesprengt hat. Es ist fast unmöglich, diesen kleinen ökonomischen Kreislauf zu durchbrechen und im Voraus zu sparen. Unvorhersehbarkeiten lassen sich durch nichts anderes ausgleichen als durch das Absparen dort, wo sich am flexibelsten kalkulieren lässt: am Essen und an der Kleidung.

Für die ständige Entbehrung braucht es aber irgendwann eine Belohnung. Und meine Mutter hatte etwas, mit dem sie sich belohnen konnte: Bücher und Musik. Eine Zeitlang kam der Katalog von Zweitausendundeins zu uns ins Haus. In unserer Nähe gab es keinen Plattenladen, keinen richtigen Buchladen, in dem man die anspruchsvolle Literatur, die sich meine Mutter bisweilen aus dem Radio notierte, hätte finden können. Im Zentrum von Spandau gab es nur Karstadt. Die Bibliothek, die meine Mutter regelmäßig nutzte, hinkte mit Neuerscheinungen recht weit hinterher. Eine Fahrt zur Amerika-Gedenkbibliothek am Halleschen Tor, zu der wir, als wir noch in Kreuzberg wohnten, zu Fuß laufen konnten, war von Spandau aus mit Unkosten verbunden. Schon einige Fahrscheine konnten das Monatsbudget arg strapazieren. Als ich klein war, ist meine Mutter manchmal schwarzgefahren, aber der nervliche Stress war ihr doch zu groß. Also läuft man, was laufbar ist; die 2,6 Kilometer von unserer Wohnung zur Altstadt Spandau zum Beispiel. Wenn man einen Fahrschein kaufte, musste es sich schon richtig lohnen.

Irgendwann hat meine Mutter selbst den Zweitausendeins-Katalog wieder abbestellt. Auch wenn es Spaß machte, darin zu blättern, so war die Versuchung doch zu groß. Also schloss sie lieber alles aus, was zu unvernünftigen Kaufentscheidungen verleiten oder Begehrlichkeiten wecken konnte.

Vernunft hieß auch, dass Friseurbesuche überflüssig waren. Meine Mutter hat mir jahrelang die Haare geschnitten. Aber wenn man einmal entdeckt hat, welchen Unterschied ein ordentlicher Haarschnitt für das Selbstwertgefühl macht, will man auf den Friseur nicht mehr verzichten. Meine Mutter schneidet sich die Haare immer noch selbst.

Wenn wir mal ins Kino gingen, dann nur für einen besonderen Film. Ab und zu hat meine Mutter dort dann doch eine Cola oder eine Tüte Popcorn für uns gekauft. Das war pure Unvernunft, weil ihr die drei Mark am nächsten Tag fehlten. Aber wir haben diese Unvernunft gemeinsam genossen. Öfter aber ging ich allein oder mit meinen Freundinnen ins Kino, das war finanziell gesehen vernünftiger. Ich kann mich nur an drei Filme erinnern, die ich zusammen mit meiner Mutter besucht habe: »Taran und der Zauberkessel«, 1985 im Marmorhaus am Zoo, das es schon lange nicht mehr gibt, »Das Leben ist schön« von Roberto Benigni und »Schindlers Liste«.

Für uns beide das größte Ereignis war ein Besuch im russischen Staatszirkus. Wir hatten eine Dokumentation über den Clown Oleg Konstantinowitsch Popow gesehen und ihn sofort zu einem unserer Helden ernannt. Ein Russe, wie Dostojewski, ein Clown, ein melancholischer Künstler. Kurz darauf kam er nach Berlin. Wir waren richtig aufgeregt. Meine Mutter kaufte uns Karten. Und am Tag der Vorstellung hatte sie Fieber. Aber wir sind trotzdem gegangen und waren von der Zauberkunst des traurigen Clowns tief beeindruckt. Die Eintrittskarten hat meine Mutter lange in der Metalldose aufbewahrt, in der auch unsere Familienfotos und ein paar Postkarten von meiner Tante gestapelt sind, heute kleben sie in einem ihrer Fotoalben.

Für mich waren solche Ausflüge der Anfang von etwas, das in meinem Leben noch öfter auftauchen konnte. Für meine Mutter waren die Ausflüge Höhepunkte, die bis heute in ihrem Alltag selten sind und nie zu einer Normalität werden konnten.

*

Qualitätsansprüche und Hartz IV beim Einkauf zur Deckung zu bringen ist eine Kunst für sich. Jedes Experiment ist ein Risiko. Vor allem bei Kleidungsstücken. Denn die kosten mehr als eine Tüte Popcorn. Möglicherweise stellt sich erst zu Hause heraus, dass sich etwas nicht gut trägt. Wenn sich so eine Investition als Fehlentscheidung erweist, kommt das einem persönlichen Versagen gleich. Man hatte schließlich vorher Zeit genug, alle Vor- und Nachteile abzuwägen. Und nicht immer kann man den Kauf rückgängig machen, wenn sich die persönlich empfundenen Mängel erst nach der ersten Wäsche oder beim Tragen herausstellen.

Beim Klamottenkaufen gerät meine Mutter deshalb auch in helle Aufregung, wenn sie etwas Gutes gefunden hat. Dann ruft sie mich an. »Undin'« sagt sie dann mit dieser hohen Stimme in atemlosem Staccato, »ich hab was ganz Tolles gefunden! Perfekt für den Winter, wenn es anfängt zu ziehen und mir immer so kalt ist. 90 Prozent Baumwolle und 10 Prozent Viskose. Und es war heruntergesetzt. Und das Futter ist ganz weich. Und ich kann es wunderbar tragen. Da unten kann ich es noch etwas umnähen und es drückt mich nicht am Hals …« Ich unterbreche sie dann irgendwann ungeduldig: »Ja, Mama, und *was* hast du nun gekauft?« Sie nennt die Materialzusammensetzung immer zuerst, dann erzählt sie etwas über die Verarbeitung und den Preis, danach, welche Beschwerlichkeiten sich damit lindern lassen, eventuell hebt sie noch die Farbe hervor – würde ich nicht nachfragen, dann bliebe mir verborgen, was sie eigentlich erstanden hat. Und da ich weiß, dass meine Mutter nur Naturfasern kauft, interessieren mich Zusammensetzung und Preis in den seltensten Fällen. Sie hat für uns immer schon Kleidung aus Naturfasern gekauft. Für ein Cashmere-Unterhemd würde sie ihren Dispo überziehen, aber nie für etwas, das einfach nur modisch ist. Meine Mutter interessiert sich eh nicht für Mode.

Am langwierigsten ist der Kauf von Schuhen für sie. Meine Mutter trägt nur gute Schuhe, das Fußbett, das Material, die Sohle müssen sie überzeugen. Die Schuhe müssen Jahre halten und dürfen ihre empfindlichen Füße nicht aufschürfen. Meine Mutter geht schließlich fast jeden Tag zwei Stunden spazieren. Solche Schuhe aufzutreiben ist schon nicht ganz einfach. Sie bezahlen zu können noch schwieriger. Dennoch: Wenn alle Bedingungen stimmen, ist es »vernünftig« investiertes Geld.

Aber »vernünftig« zu sein bringt manchmal komplizierte Kalkulationen mit sich. War es 1999 vernünftig von meiner Mutter, die noch als MAE-Kraft arbeitete und auf dem ersten Arbeitsmarkt nur Absagen kassierte, einen Computer zu kaufen? Ich machte damals gerade in Schweden Abitur. Meine Mutter hatte in einer Weiterbildung gelernt, was das Internet ist und wie man mit Office-Programmen umgeht. Sie hatte die Hoffnung noch nicht aufgegeben, vielleicht doch noch einen Bürojob zu finden.

Und sie hatte herausgefunden, dass sie die naiven Zeichnungen, die sie gern mit Ölkreiden auf Papier malte, auch auf dem Computer produzieren und dann mit ihren Gedichten zusammenfügen konnte.

Ein Computer ist eine große Investition. Sie hat wochenlang Preise verglichen und sich informiert. Dann kaufte sie einen Computer auf Raten und sparte an der Installation. Sie schrieb mir jede Woche nach Schweden, wie sie an vier Wochenenden mit der Anleitung in der Hand die graue Kiste aufgebaut und installiert hat. Damals musste man erst das Betriebssystem aufspielen, dann die einzelnen Treiber für die Komponenten, CD-ROM-Player, Monitor und danach die Programme. Sie hat es ohne Hilfe geschafft. Als ich den Computer einige Monate später, zu Beginn meines Studiums, von ihr übernommen habe, bewunderten meine Informatikfreunde, wie ordentlich und gepflegt dieser Computer war. Wer weiß, was ich gemacht hätte, wenn sie keinen gekauft hätte.

Ich habe nie verstanden, warum meine Mutter nirgendwo eine Stelle bekommen hat. Warum man nicht alles getan hat, um sie weiterzuvermitteln. Sie ist nicht die schnellste, wenn es um Neues geht, sie ist auch mal überfordert. Aber sie macht alles mit einer Ausdauer und Gründlichkeit, die ich bei mir selbst vergeblich suche. Sie funktioniert nicht einfach, sie will das, was sie macht, auch verstehen. Vielleicht liegt da ihr Vermittlungsproblem – wer verstehen will, stellt Fragen und denkt nach. Und diese Art von »gesundem Menschenverstand« ist bei Harz-IVlern keine besonders geschätzte Eigenschaft.

KAPITEL SECHZEHN

Von der anstrengenden Kunst, sich zu assimilieren

In dem ich mit sechzehn Jahren zu Hause ausziehe und mir Schule zum ersten Mal Spaß macht, obwohl ich eine »Außenseiterin« bleibe.

Als ich sechzehn war, packte ich zwei Koffer und stieg in einen angerosteten Kleinbus, mit dem mich eine Bekannte und die Leiterin des schwedischen Wohnheimes, in dem ich die nächsten Jahre verbringen sollte, in Berlin abholten. Meine Mutter schwieg stoisch. Es gab nichts, was sie hätte sagen können, um mich umzustimmen. Die Privatschule, auf die ich gehen würde, gehörte zu einer Freikirche; zum Jahreswechsel war ich bereits mit der Familie meiner Sandkastenfreunde dort gewesen, hatte die kleinen Schwedenhäuschen gesehen, in denen sich die Unterrichtsräume befanden.

Meine Vorfreude auf meine Zeit in Schweden war riesengroß. Ich wollte alles lernen, was man mir beibringen würde. Meine Entscheidung, fortzugehen, hatte nichts mit Mut zu tun, für den mich später viele so bewunderten. Es war eher der Versuch, Ängste zu überwinden, die mich zu Hause täglich einholten. Ich wollte raus, weg. Es konnte nur besser werden. Ich hatte das Gefühl, nichts zu verlieren, und war entschlossen, diese außergewöhnliche Chance, die sich mir bot, zusammen mit Menschen zu lernen, die wie ich dachten und mit mir den christlichen Glauben teilten, auch zu nutzen. In der Schule hatte mich mein Glaubensbekenntnis zur Außenseiterin gemacht, nun würde es der Link werden, der mich in eine Gemeinschaft einband, zu der ich endlich nicht nur am Wochenende gehörte.

*

Meine Bleibe für die nächsten drei Jahre lag mitten im Wald in Südschweden. »Kolleberga« war ein Komplex aus vier Häusern: das größte war das flache weiße Steinhaus in der Mitte, das zum Wohnheim wurde. Gegenüber lag der Holzschuppen mit den beiden Öfen, die im Winter alle Wohnhäuser beheizten. Wir Schüler wurden in Schichten eingeteilt, um den Ofen zu überwachen und Holz nachzulegen. Ich habe das gern gemacht. Neben dem Ofen war es wärmer als im Haus, und etwa zehn Kätzchen tollten zwischen den Holzspänen herum und kletterten meine Hosenbeine hoch. Ich hatte mir früher lange eine kleine Katze gewünscht. Einmal war meine Mutter mit mir Katzenjunge angucken gegangen, in dem Wissen, dass sie keins davon mit nach Hause nehmen würde. Es war schwer gewesen, damals mit leeren Händen wieder gehen zu müssen.

In Schweden erlebte ich nun Landromantik wie in Astrid Lindgrens Kinderbüchern. Im ersten Haus rechts von uns wohnte eine Familie mit einer rothaarigen frechen Tochter, die auch zur Gemeinde gehörten, im zweiten eine Pastorenfamilie und im dritten lebten eine Grundschullehrerin, eine Künstlerin, die sich als persönliche Assistentin von Multiple-Sklerose-Patienten durchschlug, und eine modebewusste Kurzhaarige, die Farbberatung anbot und immer, selbst mitten im Wald, von einer schweren süßlichen Parfümwolke umgeben war. Zwei der drei Frauen arbeiteten in der Schule als Lehrerinnen.

Die letzten Wochen der Sommerferien pflückte ich Johannisbeeren, bis ich nur noch Johannisbeeren sah, wenn ich die Augen schloss. Und ich lernte Schwedisch. Die Pastorentochter las unermüdlich mit mir Texte und korrigierte meine Aussprache. Daneben verrichtete ich viel Hausarbeit, räumte den Keller aus, schälte Kartoffeln, putzte, kochte und buk. Schließlich durfte ich umsonst wohnen und musste jede Gelegenheit nutzen, mich nützlich zu machen – ein gelegentlicher Kommentar der Leiterin des Wohnheims sorgte schon dafür, dass mein eigenes schlechtes Gewissen nie Ruhe gab. Essen bekamen wir meist von Firmen, die abgelaufene oder kurz vor dem Ablaufdatum stehende Lebensmittel billig an das Heim verkauften. Mal gab es dementsprechend viel Marmelade, ein anderes Mal Unmengen an Toast oder Konserven. Das Notwendigste war immer vorhanden. Mittagessen erhielten wir an den Wochentagen in der Schule, wer über die Hauptmahlzeiten morgens und abends hinaus etwas brauchte, konnte es sich im Laden der nächsten Kleinstadt »Ljungbyhed« besorgen. Sie war 3,5 Kilometer entfernt, ließ sich aber mit dem Fahrrad gut erreichen. Und dort stand sogar ein kleines Kino, in dem jede Woche ein Film gespielt wurde.

In den Zimmern wohnten wir zu zweit. Zwei Zimmer teilten sich eine Toilette, Duschen, für Jungs und Mädels getrennt, befanden sich wie in der Jugendherberge auf dem Flur. In den Ferien, wenn die meisten Schüler zu Hause waren, versuchte die Leiterin, die Zimmer als »Bed and Breakfast« zu vermieten.

In meiner Klasse waren wir zu Beginn des Schuljahres zehn Schüler. Zwei waren schon älter als fünfunddreißig Jahre, machten ihr Abitur nach und gingen neben der Schule handwerklichen Berufen nach. Zwei waren Pastorensöhne. Die anderen kamen aus ganz Schweden. Einige Wochen nach Schulbeginn kam Oksana, ein Mädchen aus der Ukraine, in meine Klasse. Ihr Freund, ein Schwede und wesentlich älter als sie, hatte sie ins Land geholt.

Die ersten Wochen konnte ich dem Unterricht überhaupt nicht folgen. Ich bekam Nachhilfe von einer Deutschen, die ebenfalls in der Gemeinde tätig war. Barbara stammte aus der Pfalz, ihre beiden Söhne – einer von ihnen ging in meine Klasse – hatten die ersten zehn Lebensjahre in Deutschland verbracht und waren dann mit den Eltern nach Schweden gezogen. Nun war Barbara Pastorenfrau und für die Gemeinde tätig. Ihre Schwiegermutter, »Oma Persson«, wurde meine offizielle Betreuerin. Auf dem Papier wohnte ich bei ihr, sie fuhr mit mir zur Ausländerbehörde wegen der Aufenthaltsgenehmigung oder zum Arzt. Diese Familie wurde meine Ersatzfamilie.

Fächer wie »Samhälle«, also Gesellschaftskunde, waren besonders hart für mich. Aber ich entwickelte hier einen Ehrgeiz wie noch nie. Manche Worte musste ich zwei Wochen lang wiederholen, bis ich sie mir endlich merken konnte. Aber als ich nach sechs Monaten den ersten Gesellschaftskundetest mit »gut« bestand, war das für mich ein Meilenstein. Nach drei Monaten fing ich vorsichtig an zu sprechen, ich hatte bis dahin vor allem zugehört und meistens auf Englisch geantwortet. Die Witze meiner Klassenkameraden verstand ich oft nicht, meine eigenen versuchte ich am Anfang noch umständlich zu erklären, merkte aber, dass auch hier mein Humor anders war als der von anderen. Ich begann, die Klassiker der schwedischen Literatur zu lesen: Friedrich Mobergs »Utvandrarna« oder Strindbergs »Röda Rummet« – alles, was ich in die Finger bekommen konnte.

Aber ich war eine Außenseiterin. Ich war irgendwie »deutsch«, was in unserer Klasse so viel wie »merkwürdig« bedeutete. Doch ich blieb. Anders als ich wurde Oksana, das Mädchen aus der Ukraine, von großem Heimweh geplagt. Sie sehnte sich nach ihren Freunden und nach Kiew. Aus einer Pralinenschachtel hatte sie das Panorama der Stadt ausgeschnitten und in ihrem Zimmer aufgehängt. In den Augen der anderen war sie noch merkwürdiger als ich; temperamentvoll, selbstbewusst und, wenn ihr etwas nicht passte, konnte sie sehr laut werden. Ich habe sie für ihr Selbstbewusstsein bewundert. Ich glaube, für sie stand das Abenteuer im Vordergrund, nicht so sehr, wie bei mir, der Glaube. Das war im Nachhinein gesehen sicher die gesündere Einstellung.

Ich tat alles, um mich zu assimilieren. Ich lernte, las viel, versuchte, einen kleinen Chor und eine Tanzgruppe zu gründen, was beides misslang. Stand morgens früh auf, um unten im Werkzeugkeller zu beten und meinen Geist zu schulen oder um verschämt auf meiner Klarinette zu üben, damit mich keiner hörte. Aber ich schaffte es nicht, mit der gleichen Disziplin zu üben, die ich in Berlin beim zweiten Anlauf so mühsam entwickelt hatte. Das Versprechen, das man mir gegeben hatte, an der schwedischen Schule gäbe es eine sehr gute Musiklehrerin, die sich um mich kümmern würde, erwies sich als falsch. Die Lehrerin kam wochenlang nicht, hatte dann keine Zeit und verschwand bald darauf endgültig. Auch dass ich Kurse an der Musikhochschule in Malmö besuchen könnte, erwies sich als kaum durchführbar. Die Bahnfahrt nach Malmö konnte ich mir nur selten leisten. Und um überhaupt zum nächsten Bahnhof zu kommen, musste ich erst einmal jemanden auftreiben, der willens war, mich mit dem Auto dorthin zu fahren. An klassischer Musik war außer mir niemand interessiert. Außerdem wurden wir nach der Schule noch zum Aufräumen, Kochen und Putzen eingeteilt. Und da ich die Sprache noch nicht beherrschte, nahmen die Hausaufgaben viel Zeit in Anspruch.

*

In der nächstgrößeren Stadt, Helsingborg, besaß die Gemeinde ein Café, in dem am Wochenende Eiswettessen organisiert wurden. Mit missionarischen Absichten. Ich bin als Clown verkleidetes Sandwich durch die Stadt gegangen, um Werbung dafür zu machen. Das hat mich anfänglich viel Überwindung gekostet. Aber in Schweden war alles anders. Ein neues Leben. Ich wollte nichts in Frage stellen.

Ich habe in diesen Jahren viel umsonst gearbeitet, in der Küche, bei der Betreuung von Ferienwohnungen, ich habe gebaut, renoviert und für ein Trio aus meiner Klasse Auftritte in Bars akquiriert, damit wir etwas für die geplante Klassenfahrt dazuverdienen konnten. Ich war in Helsingborg eifrige Schülerpraktikantin im Dreisternehotel Maria Plaza am Hafen. Ich hätte mich nie getraut, für alle diese Arbeiten etwas zu verlangen. Im Gegenteil: Ich habe sonntags mein letztes Geld voller Überzeugung in die Kollekte gegeben, im festen Glauben, dass irgendwann etwas zu mir zurückkommt. Wer gibt, für den wird Gott sorgen, steht sinngemäß in der Bibel.

Erst als die Menschen, die mir dort nahestanden, anfingen zu verschwinden, als mich meine Betreuerin »Oma Persson« nicht im Internat erreichen konnte, weil man behauptete, ich sei nicht da, stand ich vor einer neuen Situation. Ein interner Konflikt zwischen den Pastoren spaltete die Gemeinde. Oma Persson war die Mutter des Pastors, der sich dazu entschlossen hatte, die Gemeinde zu verlassen und eine eigene zu gründen. Seine Frau Barbara war meine Freundin, seine Mutter meine Oma Persson, sein Sohn Liam mein Klassenkamerad.

Plötzlich flüsterten die Lehrer mir zu, mit wem ich besser nicht so viel reden sollte, weil er oder sie eine schlechte Ausstrahlung habe. Plötzlich waren der deutsche Busfahrer und seine Mutter nicht mehr da. Plötzlich versteckten sich überall »Dämonen« auf dem Gemeindegelände. Da fing ich an nachzufragen – und gehörte nach wenigen Wochen zu einer Gruppe Abtrünniger, die vom Rest der Gemeinde aufmerksam beobachtet wurde. Auf einmal fielen mir viele Dinge auf, die nicht in Ordnung waren: Ich sah plötzlich ein ganzes Knäuel an Eitelkeiten, Machtspielen, Mobbing und Streit. Viele Beobachtungen, die ich in der nächsten Zeit machen konnte, ließen in mir immer stärker den beklemmenden Eindruck entstehen, dass ich in einer Sekte gelandet war. Ich entdeckte, dass es Menschen in der Gemeinde gab, wie unsere Mathematiklehrerin, die darum schon lange wussten, aber – um den Kontakt zu ihren Schülern aufrechtzuerhalten – eine Maske aufgesetzt hatten. Hätte man sie als kritisch entlarvt, hätte sie in der Schule nicht weiterarbeiten dürfen. Absolute Konformität zu den Visionen des Hauptpastors wurde erwartet. Wer zweifelte, war nicht stark genug im Glauben und musste Buße tun, um seine persönlichen Dämonen zu besiegen.

Ich war wenig involviert in diese Intrigen. Bis dahin war dieser Ort für mich eine Freikirche gewesen, die alles etwas radikaler anging als meine Gemeinde in Berlin. Nun aber war ich gezwungen, Stellung zu beziehen. Alle, die mit der abtrünnigen Pastorenfamilie sympathisierten, sollten entweder bereuen oder die Schule verlassen. Ich war nicht bereit, mich gegen Menschen zu stellen, die mich aufgenommen und herzlich behandelt hatten, ohne etwas dafür zu verlangen.

Es war ein Morgen, an dem unserer Klasse eine besondere Ehre zuteil werden sollte. Wir sollten vom leitenden Pastor selbst in »geistlicher Kriegsführung« unterrichtet werden. Eine dramatische Spannung lag in der Luft. Einige weinten. Die Mathelehrerin hatte uns vier Schüler, die wir unter Observation standen, darauf vorbereitet, dass man uns heute wahrscheinlich befragen würde: »Versucht auszuweichen, seht zu, dass ihr das Schuljahr beenden könnt«, riet sie uns.

Man rief uns einzeln ins Büro des leitenden Pastors, der auch Schuldirektor war. Mit ihm saßen dort seine Stellvertreterin und zwei weitere Personen aus der Gemeindeleitung. Unmittelbar bevor ich hineingerufen wurde, war meine Klassenkameradin weinend herausgekommen. Wir durften nicht mit ihr sprechen. Ich beschloss, ruhig zu bleiben, und setzte ein Lächeln auf, um mich undurchsichtiger zu machen. »Was grinst du so hämisch?«, raunzte der Pastor mich an. Vier durchdringende Augenpaare waren auf mich gerichtet. Dann prasselten Fragen auf mich ein. Als ich mich weder schuldig bekennen noch reumütig geben wollte, wurde ich mit Vorwürfen überschüttet: Ich zeige Hochmut, Stolz, Ungehorsam und hätte mich offensichtlich mit den falschen Leuten verbrüdert. Ich ließ alles an mir abprallen. Antwortete, ich hätte persönlich gegen niemanden etwas, würde gern das Schuljahr zu Ende machen, aber mich von den mir anvertrauten Aufgaben zurückziehen. An mehr kann ich mich nicht erinnern. Ich weiß, dass ich mich auf keine Zugeständnisse festnageln lassen wollte.

Nach dem Gespräch wusste ich nicht, wo ich hingehörte. Keiner von uns Befragten hatte eine Vorstellung davon, was nun kommen würde. Einige Tage vergingen, dann sollte es eine Aussprache geben. Das Ergebnis war eindeutig: Wir durften und wollten auch nicht an die Schule zurückkehren.

Eine Weile spielte ich mit dem Gedanken, wieder nach Deutschland zu gehen. Ich würde die elfte Klasse wiederholen müssen. Ich wartete ab. Familie Persson bot mir an, bei ihr zu wohnen, ich sollte mir das Untergeschoss mit Liam teilen, bis der Anbau für sein eigenes Zimmer fertig wäre. In der Schule hatte Liam als schwarzes Schaf gegolten, weil er sich nicht unbegrenzt Extraarbeiten aufdrücken ließ und gern seine Meinung sagte. Ich war in seinen Augen nicht cool genug, um zu seinen Freunden zu gehören, aber da mich seine Mutter öfter einlud und seine kleine Schwester mich mochte, gab es zwischen uns einen distanzierten Respekt. Ich nahm das Angebot der Perssons an. Meine Mutter habe ich gar nicht erst gefragt, sondern ihr wie immer die Entwicklung hinterher mitgeteilt.

⋆

In Helsingborg suchten wir ein neues Gymnasium für Liam und mich. Es gab zwei Gymnasien, die in Frage kamen. Auf der einen Schule erzählte uns der Berufsberater, wie schwer es sein würde, mit den anderen mitzuhalten. Auf der anderen sagte uns die Berufsberaterin, dass wir es schaffen könnten, wenn wir ein paar Kurse nachholten. Ihrer Empfehlung folgten wir. Eine Woche später hatten wir eine neue Klasse.

Jede Oberschule in Schweden hat eine Berufsberaterin, die auch Ansprechpartnerin für andere Probleme in der Schule ist – wenn man sich nicht wohlfühlt, das Programm wechseln will oder vor der Berufswahl steht. Wenn man ihr erzählt, was man will, sucht sie individuell passende Ausbildungen oder Studienfächer und -orte heraus. Sie weiß genau, wo sie suchen muss, und ist über die aktuellen Ausbildungsgänge bestens informiert. Jede Schule hat außerdem eine Krankenschwester und manchmal eine psychologische Betreuung. Man findet für alle Probleme, von Pickeln bis Depression, immer einen Ansprechpartner in der Schule, der zu helfen weiß.

Ich habe nie zuvor mit so viel Motivation und so guten Ergebnissen gelernt wie auf der staatlichen Schule in Helsingborg. Der Unterricht auf der Oberstufe begann nie vor Viertel vor neun, was meinem Rhythmus sehr entgegenkam, und meistens blieben wir bis 15 Uhr oder 17 Uhr in der Schule. Es gab regelmäßige Freistunden, die man nutzen konnte, um Hausaufgaben zu machen oder Stoff nachzuarbeiten. Ob und wann und was notwendig war, konnten wir Schüler selbst entscheiden.

War ein Kurs nicht so gelaufen, wie man es sich gewünscht hatte, oder war man durch eine Klausur gefallen, gab es in den Ferien die Möglichkeit, solche Kurse als Crashkurs nachzuholen oder neu zu belegen. Zum Beispiel waren Mathe A und B in unserem Programm Pflicht, C habe ich freiwillig belegt. So konnte man sich auch während der Jahre immer gezielt auf die Anforderungen bestimmter Studienfächer vorbereiten, sollte man im Laufe der Zeit merken, dass man doch ein höheres Niveau eines Kurses belegen wollte. In unseren Mathebüchern war klar gekennzeichnet, welche Aufgaben zum A-Niveau, welche zum B-Niveau und welche zum C-Niveau gehörten. Wollte man nur B erreichen, konnte man alle C-Aufgaben ignorieren. Oder aber ausprobieren, wie weit man kommt. Am Anfang jedes Kapitels wurde der Rechenweg erklärt. Hinten im Buch standen alle Ergebnisse ohne Rechenweg, so dass man sich selbst kontrollieren konnte. Das hat mir bei schwierigen Themen sehr geholfen. Ich fühlte mich mit solchen Arrangements sehr viel selbständiger und motivierter.

Im Auswertungsgespräch mit dem Lehrer konnte man unter vier Augen selbst sagen, wie man seine Leistung einschätzte und welche Note man in dem Fach gern erreichen würde. Dann bekam man eine Rückmeldung, wie weit man von seinem Ziel entfernt war und was man als mündliche oder schriftliche Extraleistung bis zum Ende des Jahres abliefern konnte, um dieses Ziel doch noch zu erreichen. Die Bewertungs- und Leistungskriterien waren transparent und nahmen dennoch Rücksicht auf die Fähigkeiten und Interessen des Einzelnen. Ich durfte mir in einem vorgegebenen Rahmen selbst mein Thema aussuchen, über das ich lesen, schreiben oder vortragen wollte, und ich hatte das Gefühl, dass ich eine ganze Menge leisten konnte.

Das machte mir richtig Spaß: Sprache und Literatur sowieso, aber auf einmal entdeckte ich auch eine Vorliebe für Biologie und Geschichte, in Englisch wurden gleichzeitig verschiedene Formen des Vortrags geübt und als Wahlfach belegte ich Rhetorik.

In der Schule gab es Mittagessen, was für mich neu war und den Schultag angenehm in zwei Hälften teilte. Für mich zahlte die Schule das Essen, alle anderen mussten dafür einen nicht besonders hohen Betrag aufbringen. Zu jedem Essen gab es gesalzene Margarine und Knäckebrot, von dem man sich satt essen konnte, falls die Portion auf dem Teller den Appetit nicht stillte.

Und es gab noch etwas, an das ich mich gern erinnere: Als Schülerin durfte ich mir im Sekretariat Freikarten für die Konzerte des Helsingborger Orchesters abholen. Die Stadt hat gerade einmal 130 000 Einwohner, aber ein sehr gutes Orchester. Schülern stand jeden Monat ein bestimmtes Kontingent an Freikarten zur Verfügung. Und wenn noch genug Plätze vorhanden waren, konnte man auch für eine Begleitperson eine Ermäßigung erhalten. Ich war sicher die Schülerin, die am meisten Gebrauch von den Freikarten machte. Diese Abende im Konzert habe ich sehr genossen, wenn ich auf den Holzsesseln im Halbdunkel zum Klang der Musik abschalten konnte. Alle Sorgen verschwanden dann.

Außerdem konnte ich, wenn ich meinen Schülerausweis in der Schwimmhalle vorzeigte und mich in eine Liste eintrug, an einem bestimmten Tag der Woche umsonst schwimmen. Im Schwimmbad gab es, wie in allen schwedischen Hallenbädern, neben den Herren- und Frauen-Duschen jeweils eine kleine Sauna, die gern zum Tratschen mit Freundinnen genutzt wurde. Nirgends hing ein Schild, das zur Ruhe mahnte. Die Sauna ist ein Ort der Gemeinschaft.

Solche Angebote konnten von jedem Schüler, ob reich oder arm, genutzt werden. Ich habe noch nie so viel Sport getrieben wie in jenem Jahr, ich war nie so fit wie damals und habe nie so gut gelernt. War ich nicht im Konzertsaal oder beim Schwimmen, dann trainierte ich in dem verschwitzten Fitnessraum, der zur Sporthalle der Schule gehörte. Niemand hat mich dort jemals kontrolliert. Oder ich lernte in der kleinen Stadtbibliothek, in der es mitten zwischen den Büchern ein kleines Café gab, das für 15 Kronen (ca. 1,70 EUR) die beste heiße Schokolade der Stadt verkaufte und für 5 Kronen (ca. 50 Cent) die typisch schwedischen Chokladbollar, »Schokobälle« aus Haferflocken, Butter, Kakao, viel Zucker und Kokosflocken. Das war auch für mich ab und zu bezahlbar und machte das Lernen noch angenehmer.

Anderthalb Jahre später habe ich auf der Olympiaskolan mein Abitur gemacht. Jahrelang hatte ich Angst vor den Abiturprüfungen gehabt. In Deutschland war ich lange davon überzeugt gewesen, dass ich das nicht schaffen würde. In Schweden hat jeder Kurs eine Abschlussprüfung, die wie die normalen Klausuren abläuft. Zwei bis drei Stunden. Dann ist der Kurs zu Ende. Die Bewertung des Lehrers und die Ergebnisse aus mündlichen und schriftlichen Arbeiten ergeben eine Punktzahl, die dann die Note bestimmt und auf dem Zeugnis steht. Und das war's. Irgendwann ist alles einfach vorbei.

Am Tag der Zeugnisvergabe ist die Stadt voll mit Menschen. Morgens trifft man sich mit seiner Klasse zum Sektfrühstück, es wird getrunken und gesungen, bevor es in die Schule geht. Die Jungen tragen dunkle Anzüge, die Mädchen etwas Weißes. Jeder schreibt jedem etwas ins Abiturhütchen, das mit dem schwarzen Schirm aussieht wie eine Matrosenmütze. Die Mütze wird später an nationalen Feiertagen wieder hervorgeholt und aufgesetzt. Das ist in Schweden, aber auch in Dänemark und Finnland Tradition. In der Aula wird eine Rede gehalten, bevor die Zeugnisse in den Klassen verteilt werden. Die Eltern warten auf dem Schulhof mit einem Plakat, auf das ein großes Kindheitsfoto geklebt ist. Bänder und Plakate sind in den Nationalfarben gelb und blau. Dann strömen die Schüler aller Abiturklassen ins Stadtzentrum. Die Menschen blasen in Trillerpfeifen, Lieder werden gesungen und gegrölt. Freunde hängen einem Lutscher und Blumen um den Hals. Nach alter Tradition gehen die Abiturienten siebenmal um die Statue des schwedischen Generals Magnus Stenbock, der 1710 im Nordischen Krieg die Dänen in die Flucht geschlagen hat. Schaut man über den Öresund, kann man von hier aus die ehemaligen Feinde und heutigen Nachbarn in Helsingør sehen.

Nachmittags lädt man Klassenkameraden, Freunde, Bekannte und Verwandte zu sich nach Hause ein, es gibt Kaffee und Kuchen und Geschenke. Abends gehen die Abiturienten aus. Auch das ist Tradition. In Schweden braucht man für das Abitur mindestens drei Outfits: Ein weißes für den großen Tag, ein schickes für den Abend und ein Ballkleid für den Abiball.

Für mich war dieser Tag ein trauriger Tag. Schon in der Schule habe ich geweint, als alle anderen noch gesungen haben. Ich habe mich so verloren gefühlt. Von mir würde keiner ein Kinderfoto hochhalten. Keiner meiner alten Freunde würde da sein, auch meine Eltern würden nicht auf mich warten. Später habe ich mich geschämt, weil Barbara Persson natürlich doch ein Plakat für mich gebastelt hatte, als sei ich ihre Tochter. Und, anders als gedacht: Mein Vater kam, zwar zu spät, wie so oft, aber er kam. Meine Mutter hätte sich unwohl gefühlt unter so vielen Menschen, ein Hotel hätte sie sich ohnehin nicht leisten können und die Reise auch nicht. Dass mein Vater sich dann allerdings endlos bei Barbara Persson bedankte – als habe sie *ihm* einen Gefallen getan –, war mir damals sehr peinlich. Schließlich war alles, was ich in Schweden erlebte, eine Angelegenheit, von der ich meine Eltern schon lange ausgeschlossen hatte.

*

Meine beiden letzten Sommer in Schweden habe ich als Reiseleiterin für deutsche Touristen gearbeitet. Das war mein erster richtiger Job. Der Lohn war verhältnismäßig gut, weil die Tage lang waren. Die Busfahrer boten uns an, dass wir sie auch auf anderen Touren begleiten könnten, an die Côte d'Azur beispielsweise. Wir hätten dann als Gegenleistung in den Reisepausen den kleinen Würstchenkocher und die Kaffemaschine hinten im Bus bedienen können. Viele Busfahrer fuhren für unterschiedliche Anbieter immer wieder die gleichen Touren. Sie waren meistens nett, nicht aufdringlich und freuten sich über Gesellschaft. Nach Feierabend tranken sie gern ein Bierchen und einen Kurzen aus dem Kühlfach neben dem Fahrersitz mit uns und witzelten über eine Heidi Klum, die gerade anfing, im deutschen Fernsehen für Aufsehen zu sorgen.

Für mich war alles an dieser Arbeit neu und aufregend und so überlegte ich ernsthaft, ob ich mich einem Busfahrer nach dem Sommer anschließen sollte. Ich wollte doch so gern reisen, an warme Orte ziehen. Aber ich war unsicher, ob das gutgehen würde, und wollte auch keine Zeit verschwenden. Ich stand vor der Entscheidung, zu jobben und um die Welt zu fahren oder zu studieren. »Ich werde das später alles noch sehen können«, dachte ich mir, als ich einige Monate danach zögernd die Visitenkarte zurück in mein Kramkästchen legte. Manchmal bereue ich es, dass ich nicht den Mut hatte, einfach loszufahren.

Die Berufsberaterin in Helsingborg hatte mir einen Studiengang herausgesucht, den ich gern belegt hätte. Ich wollte überhaupt nicht zurück nach Deutschland. Aber ich hatte nicht genug Geld, und die deutschen BAföG-Bestimmungen sehen nicht vor, dass man sein Studium im Ausland beginnt. In Schweden und Dänemark können die Studenten studieren, wo und solange sie möchten. Sie bekommen jeder, unabhängig vom Gehalt der Eltern, einen Studienbeitrag, den sie sich selbst einteilen müssen. Aber auf Leistungen vom schwedischen Staat hatte ich kein Anrecht. Auch hätte ich für die Verlängerung meiner Aufenthaltsgenehmigung nachweisen müssen, dass ich allein für meinen Lebensunterhalt aufkommen kann. Es half nichts: Ich musste zurück. Mein Traumfach gab es nicht in der gleichen Form in Deutschland. Kulturmanagement in Lüneburg kam ihm am nächsten. Aber dort traute ich mich nicht, mich zu bewerben. Das Fach hatte damals einen Numerus clausus von 1,0.

Im September 1999 kam ich zurück nach Berlin. Im Oktober habe ich mein Studium angefangen. Ich hatte jemanden auf der Internationalen Funkausstellung kennengelernt, der mir von Publizistik vorschwärmte. Das klang nach einer passenden Mischung aus Medien und Kultur. Ich konnte zwar auch hier nicht den Numerus clausus erfüllen, aber nach meinen Terminen bei der Studienberatung und der Fachschaft wusste ich, wie ich den Quereinstieg hinkriegen könnte. Ich schrieb mich für die NC-freien Fächer Skandinavistik, Evangelische Theologie und Musikwissenschaften ein.

KAPITEL SIEBZEHN

Schampus oder Shampoo

Erzählt von dem Scheitern einer klassenübergreifenden Freundschaft und von den vielen verschiedenen Bedeutungen der Aussage »Ich habe kein Geld«.

In meinem Leben spielt der Satz »Ich habe kein Geld« leider noch immer eine große Rolle – sowohl in meinem Denken wie in dem meiner Familie. Meine Mutter drückt das allerdings anders aus: »Wir müssen haushalten.« Sie macht aus der Not eine Tugend. Das ändert aber nichts daran, dass sich unsere Gespräche immer noch allzu oft darum drehen, wo die Tomaten am billigsten sind, dass das Sortiment bei Reichelt oder Aldi um die Ecke in den letzten Jahren schlechter, wenngleich teurer geworden ist oder wer von uns gerade genug Kleingeld hat, um die Fahrkarte für den anderen zu bezahlen.

Der Satz »Wir haben nicht viel Geld« war für mich auf eine andere Art normal, als viele sich das vorstellen können. Es hieß, dass bestimmte Dinge nicht möglich waren, nicht gekauft werden konnten und dass man sich manchmal entscheiden musste, wo andere nichts entscheiden mussten. Entweder eine neue Winterjacke oder endlich ein Mixer für die Küche. Entweder eine Hose oder einmal ins Theater. Entweder eine neue Schuhsohle oder ein Shampoo.

Für meinen Vater ist »kein Geld« ein Grund, gleich zu Hause zu bleiben. Er verschiebt die ihm angeratene Wassertherapie jedes Quartal wieder, obwohl sie seinem Körper guttun würde. Er geht auch dann nicht aus dem Haus, wenn er sich nach dem Einkaufen keinen Kaffee gönnen kann. Das Sitzen an der Imbissbude mit einem »Käffchen«, einer Zigarette und vielleicht sogar einem Stückchen Kuchen ist für ihn der Moment, mit dem er am sozialen Leben teilnehmen kann. Und der ist ihm wichtig. Kann er ihn sich nicht leisten, ist er frustriert. Und dabei sind Imbissbuden eine billigere Möglichkeit der Teilhabe als ein Besuch in einem Bistro und Restaurant. Kino oder Theater kann er doch ohnehin nicht bezahlen. Diskos und Tanzveranstaltungen, um vielleicht noch einmal jemanden kennenzulernen, waren vorher schon wegen des Geldes und sind jetzt endgültig wegen des Rollstuhls abgeschrieben. Bleibt also das Bedürfnis, für eine kleine Weile einer von all den anderen zu sein, während man neben der Einkaufstüte Kaffee und Zigarette genießt. Aber die kleinen Summen, die selbst das kostet, addieren sich viel zu schnell zu einem Betrag, den mein Vater sich, streng genommen, nicht erlauben dürfte. Und natürlich kommen die Zigaretten noch dazu. Aber die sind auch für ihn seit Jahrzehnten schon »der einzige Luxus, den ich mir gönne«. Verständnis wird er dafür kaum finden. Bei »Verlierern« wird »die Sucht« schnell zum Symptom sämtlicher Charakterschwächen erklärt.

Aber letztlich geht es bei »kein Geld« gar nicht ums Geld, sondern um Mobilität, Teilhabe am sozialen und kulturellen Leben, um Identität und Selbstbewusstsein. Das habe ich am deutlichsten zu spüren bekommen, als meine Mutter nach erfolgloser Wohnungssuche etwas getan hat, an das ich bis heute nur mit Schamröte denken kann. Nachdem ich längst ausgezogen war, wollte sie in eine kleinere Wohnung umziehen. Doch mit ihrem Hartz-IV-Bescheid kassierte sie lauter Absagen. In ihrer Verzweiflung sah sie nur noch die Möglichkeit, einer Genossenschaft beizutreten, um endlich an eine Wohnung zu kommen. Doch für die Mitgliedschaft muss man eine größere Summe einzahlen, die meine Mutter sich unmöglich absparen konnte, oder einen Bürgen vorweisen können. In ihrer Verzweiflung wandte sie sich an den Vater einer meiner Freundinnen. Ohne mir vorher etwas davon zu sagen, schrieb sie ihm einen Brief und fragte ihn, ob er für sie bürgen würde. Daraufhin schrieb der Vater mir einen Brief. So peinlich berührt und so wütend zugleich war ich vorher noch nie gewesen. Ich war sauer auf meine Mutter, dass sie hinter meinem Rücken die Eltern meiner Freunde um Hilfe bat. Und dann rief er mich auch noch an, um mir zu sagen, dass er schon willens sei, meiner Mutter zu helfen, ich müsse ihm allerdings garantieren, dass ich die Bürgschaft übernehmen würde, sobald ich mein Studium beendet hätte, und außerdem wollte er wissen, wie viel ich glaubte, dann verdienen zu können. Ich sagte ihm, er solle den Brief meiner Mutter vergessen. Das Ganze sei ein Missverständnis gewesen. Im Übrigen aber könne ich ihm weder sagen, wann ich mein Studium abschließen würde, und da der Markt für Geisteswissenschaftler derzeit nicht so rosig aussehe, könne ich mich auf seinen vorgeschlagenen Deal überhaupt nicht einlassen. Ich war auch auf ihn sauer. Schamsauer. Ich habe nie wieder mit ihm geredet. Auch meine Mutter und ich haben das Thema gemieden.

*

Meine erste kleine Wohnung in Zehlendorf bekam ich, weil ich die Vermieter über Freunde kannte, die nur versichert haben wollten, dass ich die Miete monatlich würde zahlen können, ohne mir irgendwelche Gehaltsnachweise abzuverlangen. Aber solche Vermieter gibt es selten. Das Kabuff unter dem Dach war früher eine Lehrlingswohnung gewesen, die zu der Bäckerei unten im Haus gehörte. Im winzigen Schlafzimmer, in dem sich auch die Dusche befand, stand ein Hochbett und im »Wohnzimmer« befand sich eine Küchenzeile mit einem Kühlschrank und zwei Herdplatten, außerdem mein Schreibtisch mit meinen Regalwänden. Mehr brauchte ich ja auch nicht.

Mit einer Studienkameradin zog ich später in die Zwei-Zimmer-Wohnung nebenan. Danach teilten wir zu dritt eine heruntergekommene Wohnung im Wedding und fortan lebte ich nur noch in Wohngemeinschaften. Als Nächstes in einer Vierer-WG mit drei Architekten in einer der ehemaligen Edelplatten am Alexanderplatz. Mein Zimmer war hell, billig, zentral und 15 Quadratmeter groß. Es gab eine große Wohnküche mit Panoramablick auf das Dach des Sealife, auf den Berliner Dom und den Palast der Republik.

In der Zweier-WG mit meiner Kommilitonin hatte diese ungefähr den gleichen Lebensstandard gehabt wie ich. Sie wurde zwar von ihren Eltern unterstützt, kam aber mit extrem wenig Geld aus. In meiner neuen WG konnte ich nun andere Lebensgewohnheiten beobachten. Schon eine solche Wohnung in einer so zentralen Lage hätte niemand von uns bekommen, wenn nicht die Eltern meiner Mitbewohner gebürgt hätten. Keiner meiner Mitbewohner *musste* wirklich arbeiten gehen, auch wenn sie immer wieder kleinere Jobs annahmen. Bei Festen oder anderen privaten Angelegenheiten sagte man den Job im Zweifelsfall wieder ab. Ich dagegen konnte meine Arbeitsschichten nur absagen, wenn ich dafür eine andere Schicht übernahm. Auch wusste ich nie genau, wie viel Geld ich haben würde, in guten Monaten konnten es über 700 Euro, in schlechten nur knapp 500 Euro sein, wenn die Schichten kürzer waren oder gerade alle arbeiten wollten, weil der Urlaub oder die Semestergebühren anstanden. Ich habe mein Leben nach den Schichten und den Urlauben und Prüfungszeiten anderer organisiert und alle Schichten genommen, die sonst keiner haben wollte: freitagabends, samstagabends, Sonntag früh und Feiertage.

Ich lernte, dass jeder gern über Geld spricht und noch lieber darüber, wo es fehlt. Und dass sich daraus ganz unterschiedliche Verhaltensreaktionen ableiteten. Einmal berichtete mir Philine, die Freundin des einen Architekten, sie hätte diesen Monat nur »ganz wenig Geld in der Tasche gehabt«. Jeden Euro habe sie umdrehen müssen. Der Einkauf bei Kaiser's sei dementsprechend eine spannende Erfahrung gewesen. Das Experiment habe aber Spaß gemacht, man lerne dabei doch, bewusster einzukaufen. Jedenfalls sei es gar nicht so schlimm gewesen. Als sie mir das erzählte, fragte ich mich, warum ich Einkaufen immer als so anstrengend und lästig empfand. Ob ich vielleicht einfach nur schlecht organisiert war? Ob ich womöglich sogar mehr Geld ausgab als sie? Ich zwang mich, genau darauf zu achten, was sie kochte und was sie wegwarf. Das rechnerische Ergebnis beruhigte mich: unmöglich, dass sie insgesamt weniger Geld ausgab als ich.

Als ich später einmal in Philines eigene Wohnung eingeladen war, wurde mir klar, dass sie sich bestimmt nicht vorstellen konnte, wie sich ein Leben in ständiger Geldknappheit wirklich anfühlte. Ihre Kleidung und ihre Schuhe spielten in einer ganz anderen Liga als meine. Die Wohnungseinrichtung war farblich und geschmacklich sorgfältig aufeinander abgestimmt, alte Holzmöbel aus ihrer Kindheit in Augsburg hatte sie nach Berlin geschafft, die Wandfarben passend dazu ausgesucht; teure Parfüms standen auf ihrem Nachttisch (»ein Geschenk«, na klar), Vorhänge aus schönen Stoffen hingen vor den Fenstern. Die Kücheneinrichtung war vom feinsten und obendrauf die üblichen »Berlin-Schnäppchen«, irgendwelche coolen aussortierten Gegenstände, ausgediente Kinosessel, die man im Prenzlauer Berg mitunter auf der Straße findet und Studentenbuden Status verleihen.

Auch beim Essen legte Philine Wert auf Qualität. Fleisch, Wein oder gar Champagner zu einer besonderen Gelegenheit. Sie lebte in einer Welt, in der der Satz »ich habe kein Geld« oder »ich habe diesen Monat wenig Geld« etwas ganz anderes bedeutete als in meinem Alltag. Und manchmal verwirrt es mich, wie leichtfertig dieser Satz auch von jenen gesagt wird, die um seine existenzielle Bedeutung gar nicht wissen. Meistens nehmen sie dann auch gar nicht richtig ernst, wenn man durchblicken lässt, man habe gerade kein Geld. »Jaja, ich hab auch kein Geld, aber egal. Stell dich nicht so an und mach mit! Es wird schon wieder.« Aber bei mir und meinen Eltern ist es nicht egal. Und es wird auch nicht einfach wieder.

Wie sehr man Geld auch benutzen kann, um sich von Verantwortung freizukaufen, habe ich auch durch Philine kennengelernt. Es war der Umzug, der die WG nach vier Jahren auflösen sollte. Ich hätte gern jemandem meine

Schlüssel in die Hand gedrückt und meinen Kram in die nächste Übergangslösung transportieren lassen. Ich war gerade erst aus dem Ausland zurückgekommen, hatte meine Magisterarbeit nur Tage vorher nach langen schlaflosen Wochen abgegeben und ging arbeiten. Aber ich hatte keinen Führerschein, und so musste ich meine Zeitplanung für den Transport nach den anderen richten. Philine, die schon seit einigen Monaten bei uns in der WG wohnte, hatte in einer Hauruckaktion die Küchengegenstände eingepackt und alles, was sie keiner Person zuordnen konnte, in den Müll geworfen. Damit, so fand sie, hatte sie ihr Räumungssoll erfüllt, andere konnten den Rest erledigen. Ich konnte mich nicht so davonstehlen. Vermutlich ist es das Wissen um die eigene Zahlungskraft, die eine ganz andere Einstellung zum Leben ermöglicht – eine, die leichter ist, flexibler, nützlich an der Uni, auf dem Arbeitsmarkt und manchmal auch unter Freunden.

Während ich bis spät in die Nacht die letzen Lappen in der Wohnung aufsammelte, den Restmüll zusammenräumte und die Türklinken übergabefertig putzte, verabschiedete sich Philine und lud für den nächsten Tag zu einem Cocktail ein. Für mich war damit unsere Freundschaft beendet. Sie hatte sich freigekauft. Aber niemanden sonst hat diese Episode so aufgeregt wie mich. Vielleicht habe ich übertrieben. Bin ich einfach eifersüchtig gewesen, weil ich es auch gern so gemacht hätte?

Philine, die ich vorher oft bewundert hatte, kam aus einer Welt, die mir fremd war und die ich nie richtig durchschaute. Ihre Freunde, die sie über ihr Medizinstudium kannte und zuweilen zum Essen einlud, waren mir meist unsympathisch. Von den anderen in der WG wurden sie bewundert, ich empfand sie als Aufschneider. Ich war auch nie ganz sicher, ob ich Philines Herzlichkeit vertrauen konnte. Sie trat mir gegenüber zu oft gönnerhaft auf. Ich sei ein starker Charakter, sagte sie, oder wies mich auf meine Schwächen hin und wie ich damit umgehen könne. Was hatte sie davon? Manche Menschen geben sich gern als emotionale Wohltäter, auch wenn sie davon keine Vorteile haben. Mich macht ein solches Verhalten sehr skeptisch. Ich traue solchen Menschen nicht.

Umgekehrt gab es das offensichtlich auch: Auch mich haben Freunde missverstanden und mir die Freundschaft gekündigt. Vielleicht haben sie sich ausgenutzt gefühlt, vielleicht habe ich sie zu oft um einen Gefallen gebeten. Vielleicht habe ich zu viel von Problemen geredet, bei denen Geld eine Rolle spielt und ich nicht mithalten konnte.

Wenn ich Geld hatte, gab ich es für Bücher, Sprachkurse und kurze Reisen in meine skandinavische Wahlheimat aus, um meine Freunde dort zu besuchen und mich auf dem Laufenden zu halten. Und ich leistete mir einen Portugiesisch-Sprachkurs. Denn langsam verschob sich mein persönliches Interesse vom Norden in den Süden. Mit meiner letzten BAföG-Nachzahlung tat ich etwas total Verrücktes. Ich kaufte ein Flugticket nach Brasilien. Ich hatte nur wenige hundert Euro zur Verfügung, um in Brasilien etwas unternehmen zu können, aber ich konnte bei Freunden wohnen und drei Wochen bleiben.

Das Ticket in meinen Händen fühlte sich an, als wäre es aus Gold. Ich hatte so lange schon davon geträumt, Europa einmal zu verlassen. In diesem Moment hatte ich das Gefühl, ich würde etwas Großes erleben, einmal nicht nur träumen, sondern wirklich in den Flieger steigen, den meine Schulfreunde schon vor zehn Jahren für ihre Austauschjahre in den USA und Kanada bestiegen hatten.

Als ich im Flugzeug saß und ein wässriges braunes Getränk aus einer roten Plastiktasse nippte, schmeckte mir dieser Kaffee besser als jeder, den ich bisher getrunken hatte. Ich fühlte mich, als ob ab jetzt alles möglich wäre. Ich fühlte mich reich.

KAPITEL ACHTZEHN

»Ihr Kontostand: Soll EUR 16 537,60«

In dem ich auf mein abgeschlossenes Studium und einen riesigen Schuldenberg blicke und mich frage: Was nun?

»Wenn ich einmal sterbe und dich jemand fragt, ob du mein Erbe annehmen willst«, sagt mein Vater am Telefon, »dann schlag es bloß aus! Du darfst nichts annehmen, unter keinen Umständen! Das sind nur Schulden!« Er klingt ausgesprochen bestimmt, als er das sagt. Was kann es Fürsorglicheres geben, als von seinem eigenen Vater beiläufig auf dessen noch unvorhersehbares Ableben hingewiesen zu werden? Aber das Thema ist ihm wichtig. Wenigstens nach seinem Tod soll niemand Ärger wegen seiner Angelegenheiten haben. Mit dieser Mahnung will er mir etwas Gutes tun und mich vor Falschem bewahren. Seine Schulden betragen maximal um die tausend Euro, die ich dann begleichen müsste. Unschön, aber überschaubar.

Darin versteckt liegt eine Ironie, über die sich wahrscheinlich nur Menschen mit meinem Humor freuen können. Denn zu der Erbschaft meines Vaters zählen ja nicht nur Schulden. Auch seine Beziehung zu mir, seiner Tochter, gehört dazu. Und gerade wegen der vielen schwierigen

Jahre, die wir durchstehen mussten, ist sie für mich von ganz besonderem Wert, sie ist unbezahlbar.

*

Unbezahlbar kommen mir allerdings auch meine eigenen Schulden vor. Denn ich bin in diesem Punkt nicht besser dran als mein Vater. Ich würde also auch ihm im Zweifelsfall raten, mein Erbe auszuschlagen. Denn, wenn auch nicht auf meinem Girokonto sichtbar, auf meinem Bildungskonto befinden sich 16 537,60 Euro Minus. Knapp siebentausend Euro schulde ich der KfW-Bank für mein Abschlussdarlehen. Und der Rest sind meine BAföG-Schulden.

Es gibt Situationen im Leben, in denen man sich Schulden aufhalst, bei denen die gefühlten Schulden viel größer scheinen als die eigentliche Geldsumme. Als ich nach Schweden ging, unterstützte mich der Vater einer Freundin, Patentingenieur bei Siemens, mit einer kleinen monatlichen Summe, damit ich in Schweden weiter zum Musikunterricht gehen konnte. Ich weiß nicht mehr, ob er das alle drei Jahre hindurch gemacht hat. Aber ich weiß, dass er es getan hat, ohne damit zu rechnen, dass er das Geld jemals zurückbekommt. Es war die Investition eines anderen in meine Zukunft. So eine Unterstützung erleben zu dürfen ist einerseits ein Glücksfall. Er könnte vielleicht sogar den Glauben in die Menschheit bestärken. Aber ich habe kein gutes Gefühl, wenn ich daran denke. Einmal im Jahr fällt es mir ein und ich rechne mir aus, wann ich die Summe vielleicht einmal zurückzahlen kann. Das belastet mich, es ist, als würde ich jemandem etwas ganz Wichtiges noch nicht zurückgegeben haben.

Als ich kürzlich von einer Weiterbildungsinstitution die monatlichen Gebühren erlassen bekam, was ich aber niemandem sagen durfte, habe ich mich nicht wirklich gefreut. Zu solchen Auszeichnungen habe ich ein gespaltenes Verhältnis. Auf der einen Seite hat man oft keine andere Wahl, als das Angebot anzunehmen. Gleichzeitig entstehen daraus immer Abhängigkeiten, die sich unterschwellig bei jedem kleinen Konflikt wieder melden. Und welche Befriedigung soll darin liegen, bei offiziellen Bewerbungen um ein Stipendium abgelehnt zu werden und dann ein heimliches »Mitleidsstipendium« zu beziehen? Keine. Im Gegenteil, es zieht mein Selbstvertrauen eher nach unten. »Ist doch alles Quatsch«, sagen meine Freunde. »Was man geschenkt bekommt, bekommt man geschenkt.« Aber so kann ich es nicht sehen. Solche Arrangements belasten mich, so willkommen die Hilfe in einem Moment auch sein mag, in dem man nicht weiter weiß. Und sie drücken auf den Schuldenberg, den ich sowieso immer im Kreuz spüre.

*

Das BAföG-Amt in Berlin liegt in der neuen Mitte, gleich neben dem Gendarmenmarkt, zwischen der Fakultät für Jura und den teuersten Hotels in Berlin. Das BAföG-Amt hat lange Flure, wie jedes Amt. Unten hängen an den Wänden mahnende Hinweise, Fristen zu beachten. Die Flure sind nach den Buchstaben des Alphabets geordnet. Da »Z« ganz hinten ist, musste ich in diesem Fall bis ganz nach oben gehen. Im Treppenhaus sind Gitter angebracht. »Damit niemand runterspringt«, witzelte jemand.

Wer hier ist, für den hängt viel von den grauen Formularen ab. Für einige mag das BAföG-Geld eher ein Extra sein, für andere ist es die Lebensgrundlage. Schwierig kann es auch für Kandidaten werden, die in einen anderen Fachbereich überwechseln wollen oder dazu gezwungen sind, weil sie die Prüfungen nicht bestanden haben. Viele sitzen mit existenziellen Ängsten auf den orangen Plastikstühlen.

Für Leute wie mich, so sah ich es damals, schien BAföG eine Chance zu sein, die ich als lohnende Investition in meine Zukunft nutzen musste. Mit zwei arbeitslosen Eltern muss man nicht viele Extrablätter zum Antrag ausfüllen, man kann ziemlich sicher sein, dass der Antrag bewilligt wird und dass man von der Summe, die dabei herauskommt, dem damaligen Höchstsatz von 585 Euro, durchaus leben kann. Alles ziemlich gute Voraussetzungen, um gelassen auf dem grauen Flur zu warten, bis man dran war. Ich hatte mich gut informiert und wusste auch, wie ich es hinkriegen konnte, dass ich mein leider nicht NC-freies Lieblingsfach trotzdem studieren konnte und zu welchem Zeitpunkt ich den Antrag auf Fächerwechsel stellen musste, so dass mir nichts von meiner Förderzeit verloren gehen würde.

Im Nachhinein rächt sich das einzige Privileg der Unterprivilegierten: Das Anrecht auf den BAföG-Höchstsatz macht auch die Schuldensumme am Ende größer. Hätte ich seinerzeit in die berühmte Kristallkugel schauen können, um mir meine finanzielle Zukunft weissagen zu lassen, dann hätte ich entweder etwas anderes oder, noch wahrscheinlicher, gar nicht studiert. Ich hätte so gedacht, wie laut Katja Urbatsch von der Organisation »Arbeiterkind«

die meisten denken, die aus einem finanziell schwachen, nicht-akademischen Haushalt kommen: pragmatisch. Das heißt, so schnell wie möglich Geld verdienen und die Existenz sichern. Ich hätte gedacht, dass BAföG ja schön und gut sein mag, dass ich aber keine Rücklagen habe und dass es vernünftiger ist, erst eine Ausbildung zu machen und Geld zu verdienen. Vielleicht ergäbe sich später die Gelegenheit zu studieren.

Aber so habe ich nicht gedacht, als ich 1999 mein Abitur gemacht hatte, sondern genau umgekehrt: erst Bildung, dann Geld verdienen, weil Bildung eine Investition ist, die sich auf jeden Fall lohnen wird. Etwas anderes war gar nicht in meinem Kopf angekommen. Ich hatte auch keine Kontakte zur Berufswelt, und meine Erfahrungen mit bezahlten Jobs waren höchst beschränkt. Ich hatte keinerlei Vorstellung davon, was mich ein Studium kosten und wie es danach weitergehen würde. Meinen Bildungskredit, davon war ich zutiefst überzeugt, würde ich danach schon zurückzahlen können. Schließlich hatte ich dann ja studiert und würde sicherlich einen anständigen Job bekommen.

Und außerdem wollte ich unbedingt Studentin werden, endlich in der geistigen intellektuellen Welt ankommen, von der meine Mutter und ich so lange geträumt hatten. Alles andere würde sich zeigen, wenn ich es erst auf die Uni geschafft hatte. Ich würde herausfinden, was ich am besten konnte. Ich würde meinen Traumjob finden. Aber spätestens im zweiten Semester beneidete ich meine Kommilitonen, die schon Berufserfahrung oder eine Ausbildung hatten und sich von dem Unigehabe und der Rhetorik der Professoren nicht so einschüchtern ließen. Ihnen schien es viel leichter zu fallen, die richtigen Kurse und Inhalte auszuwählen und zu beurteilen, was wichtig war und was nur der Abschreckung diente.

Ich begann mein Studium also mit dem festen Vorsatz, es so gut und schnell wie möglich durchzuziehen, eisern zu sparen, damit ich nach dem Ende gleich meine Schulden zurückzahlen könnte. Wer die ganze Summe auf einmal zurückbezahlt, dem werden einige Prozent der Gesamtsumme erlassen. Ich fühlte mich geradezu verpflichtet, mein Studium nicht nur in der Regelstudienzeit abzuschließen, sondern schneller zu sein. Aber diesen Traum gab ich spätestens nach der Hälfte des Studiums und einer grausigen Zwischenprüfung in meinem Hauptfach Publizistik auf. Und ohnehin: Wer hat denn direkt nach dem Studium das Geld, sein BAföG in einem Rutsch zurückzuzahlen, wenn man keine Rücklagen hat?

In den skandinavischen Ländern kann man frei entscheiden, wie viel Prozent der Studienunterstützung, die für alle aus allen Gehaltsklassen gleich ist, man pro Jahr ausbezahlt bekommen möchte. In Deutschland geht das nicht. Und was man hat, auch wenn es nicht viel ist, gibt man aus. Ich hatte eine genaue Studienplanung, mein Pensum vom ersten bis zum letzten Semester durchgerechnet. Aber nachdem ich ein Fach gewechselt hatte, war ich im Zeitverzug. Am Anfang dachte ich, ich schaffe es trotzdem. Aber nach ein paar weiteren ambitionierten Semestern, Studentenjobs und unbezahlten Praktika war da nur noch die Hoffnung, meine Schulden nach dem Abschluss mit einem guten Verdienst möglichst schnell begleichen zu können.

Auch mein Auslandssemester hätte ich nicht ohne die Unterstützung eines Freundes überstanden. Ich hatte meinen Erasmus-Aufenthalt verlängert, war von Schweden nach Dänemark weitergezogen, musste dort schon die teure Miete zahlen und hatte fast nichts mehr zu essen, als das BAföG-Amt sich immer noch Zeit ließ, meinen Verlängerungsantrag zu bearbeiten. Die dänische Bürokratie ist mindestens so unerbittlich wie die deutsche und die Dame am Tresen des Studentenwerkes in Århus hatte kein großes Verständnis für meine Probleme. Eine Lehrerin wandte sich ein bisschen peinlich berührt von mir ab, als ich ihr sagte, dass ich im Moment noch kein Fahrrad kaufen könne, ohne das ich die Strecke vom Wohnheim zur Uni allerdings kaum zurücklegen konnte. In einer solchen Situation Geld leihen zu müssen ist schlecht für Freundschaften. Der Freund, der mir aus der Klemme half, war der Einzige mit einem festen Gehalt, den ich kannte. Der richtige Auftakt für ein Auslandssemester mit Freiheitsgefühl war das nicht gerade.

Während die anderen Austauschstudenten die Gelegenheit nutzten, sich das Land anzugucken, die Stadt zu genießen, saß ich viel zu Hause, las mich durch die dänische Literaturgeschichte, zählte die Kronen und erlaubte mir nur das Notwendigste. Ich habe mich aber auch selten so auf das Studium konzentriert und so viel Literatur konsumiert, weil der Unterricht anders und besser organisiert war als in Deutschland. Außerdem konnte ich sowohl in Schweden als auch in Dänemark in der jeweiligen Landessprache studieren, inhaltlich ein großer Vorteil.

Wieder in Berlin, hielt ich mich an ausländische Studenten – ich habe ihre Arbeiten redigiert, mit ihnen Referate vorbereitet und Berlin entdeckt. Sie hatten, anders als die meisten anderen Studenten, ein Interesse daran, Leute kennenzulernen. Fast alle meine Kommilitonen waren fest in irgendwelche Gruppen eingebunden und überwiegend mit sich selbst beschäftigt. Ich habe viel von Studenten profitiert, die auf den ersten Blick vielleicht nicht »Erfolg versprechend« und wie Prestigegaranten aussahen. Aber es waren eindrucksvolle Menschen, mit sozialen Kompetenzen, hohem Anspruch an sich und ihre Arbeit. Und manchmal sind aus den Kontakten richtige Freundschaften entstanden.

Finanziell lebte ich seit Beginn meines Studiums mit neunundachtzig bis hundertfünfundzwanzig Euro im Durchschnitt für das, was ich zum Essen brauchte. Das war regelmäßig der kleinste Posten in meiner Monatsrechnung. Der größte Teil meines Geldes ging neben den Kosten für Miete, Strom und Internet entweder für einen Besuch im Kino oder Theater drauf, mal für ein T-Shirt oder einen Hygiene- und Kosmetikartikel oder für Bücher. In Cafés und Restaurants habe ich mich erst später getraut. Ich hatte regelmäßig ein- bis zweihundert Euro minus, die ich dann im Laufe der Monate bei mir selbst abbezahlte. Wie meine Mutter bekam auch ich mein Konto binnen kurzer Zeit immer wieder auf null – bis das nächste Loch entstand, sei es durch ein spezielles teures Buch, das ich brauchte, durch die Kosten für die Heimreise nach dem Auslandssemester, durch Neuanschaffungen, die nach einem Umzug erforderlich wurden, durch meine Heuschnupfenmedizin, die Pille, eine kaputte Brille oder einen Besuch beim Friseur. Und dann waren auch schon wieder die Semestergebühren fällig. Die Liste der Möglichkeiten war einfach endlos.

⋆

Irgendwann war meine BAföG-Zeit abgelaufen, ich stellte einen Antrag auf Verlängerung, weil man sich bestimmte Aktivitäten neben dem Studium anrechnen lassen kann. Zum Beispiel die Mitarbeit in der Fachschaft. Ich hatte seit meinem ersten Studienjahr in die studentische Zeitschrift »norrøna – Zeitschrift für Geschichte, Politik und Kultur der nordischen Länder« viel Zeit investiert und war die letzten Jahre die Chefredakteurin des zweimal jährlich erscheinenden Blattes gewesen. Weil es aber kein Institutsblatt war, worauf wir Studenten sehr stolz waren, wurde es vom BAföG-Amt nicht als relevante Aktivität anerkannt. In meiner Studienordnung waren auch keine Pflichtpraktika vorgeschrieben, so dass auch meine Erfahrungen beim Uni-Radio, beim Jazzfest Berlin, beim Internationalen Literaturfestival, in einer Literaturagentur und die konzeptionelle Arbeit für den sich gerade gründenden skandinavischen Kulturverein »Kulturhus Berlin« nicht anerkannt wurden.

Die Entscheidungen, welche Extraleistungen neben dem Studium als verzögernde Qualifikation anerkannt werden und welche nicht, sind eben nicht immer gerecht. Der Sachbearbeiter sagte zu mir: »Leider können wir nichts machen. Hoffentlich finden Sie einen Arbeitgeber, der Ihr Engagement dann schätzt.« Während ich seine nett gemeinten Worte hörte, habe ich angefangen, darüber nachzudenken, dass ich wohl irgendetwas falsch gemacht hatte. Ich fand es unfair. Und arbeitete seitdem noch mehr, um mein Studium endlich abschließen zu können.

Weil ich meine Magisterarbeit im Ausland schreiben wollte, beantragte ich ein Abschlussdarlehen. Ich wollte über eine schwedische Zeitschrift schreiben und daher Zugang zu den Bibliotheken vor Ort haben, wie auch mit den

Machern und Forschern sprechen. Kurz, ich musste wieder nach Schweden. Das hätte ich mit meinem Kino-Job aber niemals vorfinanzieren können. Außerdem muss ich mich auf große Projekte ganz konzentrieren können. Ich wusste, ich würde meine Magisterarbeit nicht schaffen, wenn ich nebenbei arbeiten gehen müsste. Ein Stipendium vom DAAD passte mit seinen Fristen nicht in meinen Zeitplan. Außerdem glaubte ich nicht, dass ich es bekommen würde. Also blieb für mich als einzige Alternative das Abschlussdarlehen der KfW.

Das Darlehen konnte ich erst beantragen, nachdem ich meine Magisterarbeit offiziell angemeldet hatte. Ab diesem Zeitpunkt lief auch meine kostbare Schreibzeit. Bis das erste Geld auf meinem Konto war, dauerte es aber drei Monate. Drei Monate, in denen ich genauso viel jobben musste wie vorher und in denen kaum Zeit für die Recherchen blieb. Als das Geld kam, kaufte ich davon einen neuen Computer, bezahlte die Miete für zwei Monate in Schweden und mein Ticket dorthin.

Das Geld ist sicher nicht für einen Auslandsaufenthalt berechnet. Aber was ich bekam, reichte gerade so für das Schreiben der Magisterarbeit, nicht aber für die daraufolgenden Prüfungen. Die haben mich dann ein weiteres Jahr gekostet. Nebenbei fing ich an, in einem kleinen Café zu arbeiten, bis zu fünf Tage die Woche, womit ich in der Prüfungszeit meinen Lebensunterhalt finanzierte. Die ersten Prüfungen gingen noch ganz gut, aber zur letzten bin ich nur noch gekrochen. Und ich fühlte mich auf einmal sehr müde.

Und so sitzt man am Ende der »besten Zeit seines Lebens« auf einem Berg Schulden. Inzwischen habe ich schon zum vierten Mal den Stundungsantrag für mein Abschlussdarlehen bei der KfW abgeschickt. Solange der Kredit nicht bezahlt ist, wird auch das BAföG nicht fällig. Jedes Jahr kommen Zinsen hinzu. Während des Jahres versuche ich, nicht an die Gesamtsumme meiner Schulden zu denken, die ich dem Staat für meinen Bildungsaufstieg noch zurückzahlen muss.

Leider haben sich bisher die beruflichen Chancen für Geisteswissenschaftler als nicht so ergiebig erwiesen. Aus den vielen unbezahlten Praktika hatten sich höchstens Kurzzeitbeschäftigungen ergeben, aber nie eine reale Jobchance. Aber ich wollte den Idealismus, mit dem ich studiert hatte, nicht gleich für irgendeine Anstellung in irgendeinem Büro aufgeben. Ich durchforstete die Unterlagen im »Career Center« meiner Uni, suchte passende Jobprofile, schrieb Bewerbungen an Kulturinstitutionen, die skandinavische Botschaft und an Redaktionen und Journalistenschulen. Die erste positive Rückmeldung kam von einer großen überregionalen Wochenzeitung – immerhin für eine Hospitanz. Ich musste zwar ein Jahr warten, aber es fing doch gar nicht so schlecht an. Damals war ich sogar noch optimistisch, beflügelt von dem Ergebnis meiner Magisterarbeit. Ich wollte mutig sein und mich auch endlich bei einer Tageszeitung im Feuilleton bewerben.

KAPITEL NEUNZEHN

Bunter Vogel mit Versagensängsten

In dem es um launische Professoren, die Fallen des Smalltalks und meinen Hartz-IV-Komplex geht, die mich auf der Suche nach einem Ort begleiten, an dem ich als »normal« gelte.

Es sind oft die kleinen Begebenheiten, die einen fassungslos machen können. »Mach bloß nicht was, was wieder so viel Wirtschaft macht«, sagt mein Vater, als ich ihn frage, was ich dieses Jahr zu Weihnachten kochen soll. Er hat den aufwendigen, aber misslungenen Stockfisch vom letzten Jahr nicht vergessen. Ich finde seine Antwort ziemlich entmutigend. Wenn ich einmal einen Fehler mache, verfolgt mich immer gleich der Verdacht, dass ich eine schlechte Köchin oder Planerin bin. Ich halte mich aber sowohl für eine gute Köchin wie für eine gute Planerin. Ich experimentiere aber gern. Und dabei geht eben auch einmal etwas schief. Das müsste doch gerade mein Vater verstehen und großmütig sein, denke ich. Aber nein, was einmal misslingt, wird einem immer wieder aufgetischt und nie vergessen. So läuft es doch fast immer. Überall.

⋆

Prüfungssituationen. Ich stehe vor dem Büro meines Germanistikprofessors. Wir wollen über meine Prüfungsthemen sprechen. Der Herr Professor veranstaltet das Magisterkolloquium und sagt jede Woche zu seinen Studenten: »Den Stress, den Sie jetzt in der Prüfungsphase haben, wird niemand nachvollziehen können.« Er muss der verständnisvollste Professor der Uni sein. Meine Zwischenprüfung bei ihm war eine der wenigen Prüfungen, die mir in meinem Leben Spaß gemacht haben. »Kommen Sie wieder, wenn Sie den Magister machen«, hatte er damals zu mir gesagt. Deswegen stehe ich jetzt vor seiner Tür. Aber heute blickt er nicht vom Schreibtisch auf, als ich verlegen auf das Zeichen warte, dass ich eintreten darf. Mein Professor ist genervt. Er schreibt gerade an einer Empfehlung für »einen von Ihnen«, als ob wir Studenten identisch und austauschbar wären. Ich habe doch mit diesem anderen Studenten nichts zu tun.

Mein Professor fragt pampig weiter: »Wieso können Sie denn nie zu den Zeiten meiner Sprechstunde kommen?« Ich hatte ihn um den Extratermin gebeten.

»Weil ich arbeiten muss«, antworte ich.

»Soso«, sagt er. »Wir haben damals natürlich nur von Wissen und Luft gelebt.«

Ich bin erstaunt. Nach einer Sekunde inneren Taumelns rutscht mir eine Gegenattacke heraus: »Sie wurden doch bestimmt von Ihren Eltern unterstützt.« Er guckt überrascht.

»Wie bitte? Na ja, ein kleines Begabtenstipendium«, räumt er ein. Dann etwas neugieriger. »Wo arbeiten Sie denn?«

»Im Kino.«

»Im Kino! Wissen Sie, wie lange ich nicht mehr dort

war! Nicht mal im Urlaub schaffe ich es ins Kino.« Es klingt vorwurfsvoll, als ob ich dort fürs Filmegucken bezahlt werde, nicht dafür, dass ich mir an ausverkauften Tagen 900-mal den gleichen Satz anhören und 900-mal »Das macht sieben Euro fünfzig, bitte« antworten muss. Ich werfe ihm doch auch nicht vor, dass er in seiner Arbeitszeit Bücher lesen darf. Ich bin eigentlich da, um über meine Prüfungsthemen zu sprechen.

»Soso«, sagt er wieder. »Sie sind also eine der wenigen, die sich ihr Studium selber finanzieren. Was machen Ihre Eltern denn?«

Jetzt habe ich ein komisches Gefühl, bin gestresst, weil ich weiß, dass ich in seinem Zeitplan nur wenige Minuten Besprechungszeit habe. Weil mir irgendetwas falsch an der Situation vorkommt. Meine Familie und unsere finanzielle Situation sind doch keine Smalltalk-Themen.

Er hört sich kurz meine Vorschläge für die Prüfungsthemen an, wir einigen uns. Ich hätte eigentlich noch Fragen, ich bin nicht sicher, ob ich ihn in allen Punkten richtig verstanden habe. Er wird immer unruhiger. Die Zeit drängt und mein Kopf ist leer. Ich kann meine Fragen so schnell nicht formulieren und er kann mir nicht mehr Zeit zum Nachdenken geben.

»Dann grüßen Sie Ihre Eltern«, sagt er zum Abschied. Ich kann mich nicht darüber freuen. Ich fühle, dass ich mich wacker geschlagen habe. Dass es richtig war, seine blöden Bemerkungen nicht einfach hinunterzuschlucken.

Aber kaum bin ich aus der Tür, muss ich mich erst einmal setzen, irgendwo. Muss ich jetzt bei jedem vorbereitenden Prüfungsgespräch um meine Identität kämpfen? Meine Hände zittern stark, und für einige Minuten muss ich mich auf der Toilette einschließen, mir sind die Tränen gekommen. »Ihren Stress kann niemand verstehen«, hallt es in meinem Kopf. Sicher hat er keine Ahnung, welche Wirkung sein kleiner Unmut auf mich hat. Vielleicht ist er überarbeitet. Aber er hat mich getroffen. Mir fallen hundert Sätze ein, die ich dem Professor noch hätte sagen können: Sie beschweren sich, dass Sie im Urlaub nicht ins Kino gehen könnten? Ich habe nicht einmal Urlaub, geschweige denn bezahlten. Ich hab auch kein Krankengeld und keine Rentenversicherung, nur Stundenlohn. Und wenn ich dieses Studium mit Ihrer Hilfe abgeschlossen habe, warten auf mich nur Schulden und keine Zukunftsperspektiven.

Bin ich zu empfindlich?

Das nächste Mal, als ich bei ihm bin, um die letzten Formalitäten zu klären, fragt er gleich nach meinen Eltern. Ich versuche abzuwehren. Auf die Prüfungsthemen zu lenken. Ich fühle mich wieder angegriffen von seinen Vorurteilen und dem »Exoten-Etikett«, das er mir nun angeklebt hat: Frau Zimmer, Sonderexemplar Aufsteigerin. Meine Prüfungsberatung ist wieder zu kurz gekommen. Dafür sollte ich eigentlich ihm ein schlechtes Gewissen machen.

Beim Prüfungstermin bedankt er sich überschwänglich bei der Beisitzerin, die die halbe Stunde immerhin als Arbeitszeit verrechnen kann. Ich höre von draußen, als ich auf das Ergebnis warte, dass er ihr einen Kaffee anbietet. Für mich, den nervösen Prüfling, gibt es nicht einmal ein Glas Leitungswasser. Irgendwie hatte ich mir das alles respektvoller vorgestellt. Die Prüfung lief nicht so gut, wie ich es erhofft hatte. Das lag vor allem daran, dass mein Professor mit den Theorien seiner Kollegin, mit deren Buch ich für mein Thema gelernt hatte, nicht ganz einverstanden war.

Das Ergebnis war trotzdem gut. Die Wissenschaftswelt ist mir zu darwinistisch, habe ich in jenen Wochen für mich beschlossen.

*

Versagensängste. In der Abschlussphase meines Studiums habe ich angefangen, in meinen Tagebüchern zu notieren, wie oft ich müde bin, das Gefühl habe, keine Kraft mehr zu haben. Ängste plagen mich: Zukunftsängste, die Angst zu scheitern, die Angst, allein zu sein. Ich mache mir seitdem immer wieder Zeitpläne, wie ich es in der Therapie und in der psychologischen Beratung der Uni, die ich vorsichtshalber aufgesucht habe, gelernt habe. Ich kann alles bewältigen, was unbedingt erledigt werden muss, aber meine Leistungen sind extrem stimmungsabhängig. Und ich habe permanent Geldsorgen. Zwischendrin verschwende ich meine Zeit für die Korrekturen von Hausarbeiten meiner Freunde.

Meine eigenen Lernziele erreiche ich zwar, aber nicht so schnell, wie ich es gern hätte. Die Tage ziehen sich, das Gefühl der Kraftlosigkeit verstärkt sich. Ich schleppe mich mit Mühe vom Bett bis zum Schreibtisch. An manchen Tagen bleibe ich einfach liegen und starre an die Decke. An Silvester auch. Ich stehe nur auf, wenn ich einen Termin einhalten oder zur Arbeit gehen muss. Ich fühle mich einsam und allein, aber ich habe kein Bedürfnis nach Gesellschaft. Ich wünsche mir eine Pause-Taste für mein Leben, einmal ausschalten, den Druck abstellen. Aber es geht nicht. Es geht für die nächsten Jahre nicht. Ich muss arbeiten gehen, Geld verdienen. Heute faul, morgen Katastrophe. So kann man sich nicht entspannen. Keine mit einem Datum verknüpfte Ziellinie ist am Horizont erkennbar. Jede kleine Leistung ist ein Kraftakt und ich mache immer weiter, weil ich mir keine Pause leisten kann. Mache langsamer, damit ich mich überhaupt vorwärtsbewege, weil ich zu dem Punkt gelangen möchte, an dem sich die Anstrengung gelohnt hat. Aber je langsamer ich werde, desto weiter rückt er in die Ferne.

Die Klausuren laufen gut, aber als ich meine erste mündliche Prüfung habe, kann ich mich innerlich überhaupt nicht darauf einstellen. Ich hetze von meinem Caféjob direkt zur Prüfung. Damals war ich noch neu in der Gastronomie, und ausgerechnet an diesem Tag hatte sich zum ersten Mal ein Ehepaar über mich beschwert. Meine Gedanken sind überall, aber kaum bei der Prüfung, die gleich beginnen soll. Meine Prüferin war sehr krank, deshalb treffen wir uns bei ihr zu Hause. Ich habe ihr einen Strauß Pfingstrosen gekauft, aus Höflichkeit und als Ausdruck meiner Genesungswünsche. Sie interpretiert es als Bestechungsversuch. Scherzhaft natürlich. So ein Blödsinn, denke ich noch und fühle mich gekränkt und missverstanden. Mein Hals ist trocken. Ich muss wieder um ein Glas Leitungswasser bitten. Erst dann komme ich innerlich in der Situation an und kollabiere. Als die Prüfung beginnen soll, bekomme ich für mich selbst überraschend einen richtigen Heulkrampf. Ich habe die Kontrolle komplett verloren und gehe auf den Balkon, um mich zu beruhigen. So etwas ist mir noch nie passiert.

»Sind Sie gesundheitlich in der Lage, diese Prüfung abzulegen?«

Ich könnte jetzt einfach nein sagen. Ich sage: »Ja, es kann losgehen.«

Es wird eine 1,7. Verhältnismäßig schlecht dafür, dass wir uns alle sicher waren, dass es eine glatte Eins werden würde, wie die schriftliche Magisterarbeit. Und irgendwie fühlt sich die Note nach »Wir wissen, dass du es besser kannst« an. Ich spüre trotz des Wohlwollens, dass mich meine Verletzbarkeit angreifbar gemacht hat. Manche der Fragen, bestätigt mir später in einem privaten Gespräch meine Zweitprüferin, waren nicht unbedingt angemessen. Eher Testfragen, ob ich mich verteidigen kann, wenn ich angegriffen werde. Notdürftig.

Nach der Prüfung werfe ich alle Unterlagen und seitenweise handgeschriebene Notizen in einen Mülleimer am Kottbusser Tor und rauche zwei Zigaretten nacheinander. Für mich, die sonst kaum raucht, eine Grenzüberschreitung. Diese Themen waren meine Leidenschaft, mein Backup. Man hatte mir angedeutet, ich solle doch überlegen zu promovieren. Stipendien gäbe es freilich keine, aber ein Empfehlungsschreiben wäre wohl drin. Jetzt sind die Blätter vollgesogen mit dem Gift des Versagens. Und ich fühle mich, als könnte ich nichts ändern, egal wie sehr ich dagegen ankämpfe. Und irgendwann würde ich vermutlich einfach aufgeben. Es ist so viel leichter, sich mit einem Job als Kellnerin zu identifizieren.

Dennoch dachte ich, es müsste doch irgendwie logisch sein, wenn ich mich nach meinem Publizistik- und Germanistikstudium und als langjährige Mitarbeiterin der einzigen studentischen Skandinavistik-Fachzeitschrift im Journalismus bewerbe. Ich wollte doch dorthin, wo Texte entstehen. Wo man sich über Literatur, Filme und Menschen anspruchsvolle Gedanken machen darf. Und schließlich hatte es in einem Bewerbungsgespräch geheißen:

»Bunte Vögel wie dich nehmen wir gern.« Bunte Vögel? Fachfremde Außenseiter wie mich? Ich musste eine ganze Weile darüber nachdenken, bis ich verstand, dass die normalen Bewerber von den Journalistenschulen kommen. Ich nicht. In meiner Bewerbung stand, dass ich nebenbei ein kleines Café schmiss. Übertrieben war das nicht: Ich war fast jeden Tag dort. Ich machte Arbeitspläne, ich konnte jede Schicht allein bewältigen, ich ging einkaufen, ich war die Urlaubsvertretung des Chefs, ich rechnete ab, bestellte, was fehlte, und meine Kollegen riefen mich an, wenn die Kasse oder die Spülmaschine wieder repariert werden musste. Mein Vorgesetzter nannte das »richtige Arbeit« und schüttelte verständnislos den Kopf, wenn ich ihm von meinen Bewerbungen erzählte.

*

Einige Monate später war ich für kurze Zeit Praktikantin in einem renommierten grünlich-gläsernen Gebäude in Deutschlands Medienstadt im Norden. Einem jener Orte dieser Welt, an denen nur die Putzkräfte eine dunkle Hautfarbe haben. Das war bei meinem Studentenjob bei Siemens genauso gewesen. Nicht mal in der Kantine war hinter den Wärmebehältern ein Mensch mit dunklem Teint zu finden. Höchstens wieder in der Spülküche. Unter den Journalisten sah ich bestenfalls ein paar »Quotentürken« oder die »zweite Generation mit Migrationshintergrund«. So viel zur Durchlässigkeit.

Ich hatte mich auf das Praktikum gefreut. Was immer ich hier lerne, wird gut für mich sein, sagte ich mir. Obwohl meine Redaktion nicht zu einem Blatt gehörte, das ich wirklich lesen würde, hatte die Beschreibung mich angesprochen, weil es nach Herausforderung klang und mir versprochen wurde: »Sie schreiben in allen Genres und Formaten«. Der Name der Zeitung dürfte jeden jungen Lebenslauf schmücken, aber mir war es nicht wichtig, welch toller Name über der Eingangstür stehen mochte, durch die ich morgens schritt. Viel wichtiger schien mir, im Praktikum gut betreut zu werden, etwas zu lernen, gezeigt zu bekommen, wie man selbst aus einer schwachen Idee ein anspruchsvolles Thema macht. Aber dazu hätten meine Kollegen und ich die gleiche Sprache sprechen müssen.

In einigen Büros findet man sofort Kollegen und Vorgesetzte, mit denen man sich gut versteht und die einem die richtige Mischung aus Respekt und Selbstvertrauen einflößen, weil sie einem etwas zutrauen. Zu anderen passt man einfach überhaupt nicht. Ich hasse zum Beispiel große Betriebskantinen. Und das Gehabe um die Essensverabredungen finde ich geradezu albern. »Gehen wir mal zusammen essen?« »Ja gern, nein, heute und morgen bin ich schon verabredet, aber warte, ich gucke in meinen Kalender. Nächsten Mittwoch hätte ich Zeit. Wunderbar, ich trag dich gleich ein.«

Das ist ja schlimmer als in der Schule! Warum geht man nicht einfach zusammen essen mit denen, die Lust haben, mitzukommen? Ich ginge lieber allein, wenn es nicht so auffällig wäre und in der Luft der Dunst von »Will etwa keiner mit dir essen gehen? Bist du womöglich nicht anschlussfähig? Jedes Mittagessen allein ist eine verpasste Karrierechance!« hängen würde. Ich langweile mich jedes Mal zu Tode bei den Gesprächen über Hunde, Handtaschen und Fitnesskurse.

Und dennoch hatte ich, mehr versehentlich, ein Mittagessen mit der dienstältesten Reporterin der Redaktion. Sie war auf Recherchereise gewesen und hatte ihren Mittagskalender vernachlässigt. Also schaute sie ins Zimmer und fragte, ob noch jemand zum Essen mitkäme. Es stellte sich heraus, dass alle außer mir vergeben waren. Irgendwie war das an sich schon etwas peinlich. Nun hatte sie die Praktikantin am Hals. Ich wette, an dem Tag wäre sie auch lieber allein essen gegangen, aber keiner von uns kam nun noch aus der Nummer wieder raus. Die Runde vorbei an den Essensstationen konnten wir noch mit Belanglosigkeiten überbrücken. Am Tisch kam dann die Frage, vor der ich mich fürchtete: »Und? Wie gefällt es dir?«

Man muss dazu wissen, dass ich schon jeden Tag mit dem Gedanken spielte, das Praktikum einfach abzubrechen. Die 420 Euro Vergütung reichten nur für das Zimmer und die Fahrt in die Stadt. Zwei Euro von meinem Lohn musste ich für die Kontoführung des Verlags bezahlen, damit man mein Gehalt abrechnen konnte. Ich kann nicht gut lügen. Ich habe wohl so etwas wie »interessant« gesagt. Dann Stille. Was konnte ich sie fragen? Wir hofften beide, dass das Essen schnell vorüberging. Sie hielt das Schweigen nicht aus: »Und wo siehst du dich in drei Jahren?« Schweigen wäre mir lieber gewesen. Sie musste doch irgendetwas über die Stadt parat haben oder einfach aus ihrem Nähkästchen eine Anekdote erzählen können! Aber eine Frage wie in einem Bewerbungsgespräch? Sollten sich gestandene Journalisten nicht durch gute Beobachtungsgabe und Sensibilität auszeichnen und dadurch die verschiedensten Menschen zum Sprechen bringen können?

Leider hatte ich damals nicht die Chuzpe zu sagen, dass

ich fest davon überzeugt sei, in drei Jahren Giovanni di Lorenzo abzulösen. Stattdessen verweigerte ich mich und sagte, ich hätte im Moment keine Zeit, mich mit der Zukunft »in drei Jahren« zu beschäftigen, ich hätte genug damit zu tun, dass ich Brot auf den Tisch bekäme. Sie schwieg wieder.

Nach einer Denkpause fragte ich sie dann, was die spannendste Reportage in ihrer Karriere gewesen sei. Ich fand das eine um Längen intelligentere Frage als die, die sie mir gestellt hatte. Und die Antwort reichte glücklicherweise den ganzen Weg, von der Kantine bis zu unseren Arbeitsplätzen, wo wir uns endlich verabschieden konnten.

Nachdem ich auch noch den Auftrag abgelehnt hatte, eine unsinnige Recherche über Fernsehserien durchzuführen, die ich nie gesehen hatte und auf die ich keine Lust hatte, bat man mich, für die verbleibenden Wochen etwas diplomatischer zu sein. In einem Gespräch mit meiner Vorgesetzten, in dem ich fragte, wozu ich denn noch etwas schreiben könnte, bekam ich zu hören: »Schön, dass du motiviert bist, aber es gibt gerade nicht so viel. Viel für deine Mappe wirst du nicht machen können. Es ist eine schlechte Zeit, alle Projekte sind abgeschlossen für die nächste Zeit. Es muss von allein kommen, es muss wachsen, warte noch etwas. Es tut uns leid, wir sind sonst offen und fröhlich, aber gerade wurden Leute gefeuert und du hast Pech, die Stimmung ist nicht so gut wie sonst.«

Warum hatte man dann überhaupt eine Praktikantenstelle besetzt? Ich hatte mehreren Redakteuren kleine Themenvorschläge gemacht, nachgefragt, was passen könnte, ob es etwas gäbe, was ich zuarbeiten könne. Die Antwort war jedes Mal enttäuschend gewesen: »Da lassen wir prinzipiell keine Praktikanten mehr ran, im Moment gibt es nichts. Wenn du eine Idee hast, melde dich. Früher gab es die und die Rubriken, die man Praktikanten geben konnte, leider wurden sie eingestellt.«

Nun ja, so viel war klar, meine Stimmung war auch nicht gut. So weit beruhte wenigstens etwas auf Gegenseitigkeit.

Als mir am letzen Tag einer aus dem Chefzimmer sagte, man merke, ich sei aufmerksam, kritisch und würde erstens mitdenken, zweitens sagen, was ich denke, und das fände er gut, dachte ich, er wolle sich über mich lustig machen. Oder er würde gleich zum großen ABER-Schlag ausholen. Aber er meinte es so, wie er es gesagt hatte. Das hat mich verwundert und sehr ermutigt, doch noch etwas weiterzusuchen nach dem Ort, an dem ich vielleicht zur Abwechslung einmal als »normal« und nicht nur als kantig und »sozial gestört« gelte, wie ich es später noch von anderer Stelle hören sollte. Auf jeden Fall, sagte ich mir, muss ich aufhören, mich anpassen zu wollen. Das macht in meinem Fall alles noch schlimmer. Zu mir selbst zu stehen, anstatt mich zu verstecken, ist immer noch eine große Herausforderung für mich. Doch es gibt immer mal wieder einen Menschen, der genau das erkennen kann. In der nächsten renommierten Redaktion, diesmal in Berlin, lief alles etwas runder, und am Ende bekam ich vom Chefredakteur wieder ein »Trau dich!« mit auf den Weg. Das hat mir viel bedeutet. Aber ich musste erst wieder den Mut zum Träumen finden.

KAPITEL ZWANZIG

Windschiefe Vorbilder

In dem es um meine sentimentale Beziehung zu Autos und um eine traurige Hochzeit geht und die Suche nach den richtigen Vorbildern dazu führt, dass ich meine Eltern verteidige.

Ich warte auf eine Mitfahrgelegenheit nach Berlin. Ein schwarzer Mercedes hält vor dem Tübinger Bahnhof. »Hattest du Sorge, dass wir nicht kommen?«, fragt mich der Mann, drahtig, dynamisch, grüne Fleece-Jacke, silberne Strähnen. »Wenn ich nicht gekommen wäre, hätte ich schon jemanden geschickt.« Bevor ich antworten kann, hat er meinen Rucksack schon im Kofferraum verstaut. Ich setze mich auf die hellblaue Decke, die auf dem Rücksitz ausgebreitet ist. Neben den Picknickkorb. »Da sind zwei Thermoskannen, eine ist für Sie«. Seine Frau dreht sich zu mir um. Sie hat mittelbraune Haare, kinnlang, die Augen ein bisschen geschminkt. Eine, die Laugenbrötchen und Kaffee um sieben Uhr morgens für sich, ihren Mann und eine fremde Mitfahrerin vorbereitet hat. Sie liebt Karten, deswegen wird sie an der nächsten Tankstelle den Autoatlas kaufen, weil sie noch keinen Stadtplan von Berlin hat. Obwohl sie eigentlich gar nicht durch Berlin müssen.

Der Mann fährt schnell und sicher. Er strahlt diese Aura von »Ich-habe-alles-im-Griff« aus, ohne angeberisch zu wirken. Jede Bewegung, die er macht, ist schnell und energisch. Die beiden sind auf dem Weg zu ihrer Tochter, die 700 Kilometer von Tübingen in einer Kleinstadt oberhalb Berlins gerade ein Praktikum macht. Die Strecke werden sie retour in zwei Tagen zurücklegen. Ganz schön anstrengend, denke ich, und als ob sie meine Gedanken gehört hätte, sagt die Frau fröhlich: »Das ist nur halb so weit wie nach Istanbul.« Ihr Mann stammt von dort. Sie fahren sehr organisiert. Es ist die Fahrt mit den meisten Pausen und doch eine der schnellsten, die ich nach Berlin mitgefahren bin, sicher die kurzweiligste. Ich beobachte die beiden interessiert. Ich vergleiche sie mit meinen Eltern.

Er meckert, wenn sie zu spät Wegweisungen gibt, ich habe trotzdem das Gefühl, dass sie sich respektieren. Ich ahne, dass sie sich im Studium kennengelernt haben. Bei den letzen Zügen einer Zigarette erzählt er mir, wie er als Student in Tübingen Schnee geschippt hat. Jeder hat seins: Er trainiert eine Fußballmannschaft, sie ist Lehrerin und organisiert offensichtlich mit großer Begeisterung Ausflüge für ihre Klassen.

Nach zwei Dritteln der Strecke fragt er sie, ob sie jetzt fahren möchte. Das ist das erste Mal, dass ich eine Frau dieses Angebot annehmen sehe. Sie fährt nicht ganz so schnell wie er, aber mit gelassener Selbstverständlichkeit. So stelle ich mir richtige Eltern vor, den Gedanken kann ich mir nicht verkneifen. Sie fahren ein großes Auto. Sie machen Urlaub. Sie bringen ihrer Tochter mal eben zwei Kisten mit Türkischbüchern und ein paar Kleinigkeiten vorbei. Zwei Tage Urlaub, mehr Zeit kann keiner von beiden freinehmen. Aber sie schmiert die Brötchen und beide fahren einfach los.

Falls ihre Tochter da oben bleiben würde, dann bräuchte

sie ein Auto. »Man hat ihr einen Ausbildungsplatz angeboten«, erzählt mir die stolze Mutter. Die Tochter macht gerade ihren Führerschein. »Sie könnte sich ein billiges Auto kaufen«, sagt die Mutter. Oder die Eltern würden ihr eins besorgen, da bin ich ganz sicher.

Meine Eltern könnten mir keine Kisten bringen, mich nicht beim Autokauf beraten. Meine Eltern würden mich vermutlich auch nicht besuchen kommen, schon gar nicht an einem Wochenende so viele Kilometer hin und zurück fahren. Ich schaue durchs Autofenster auf die Landschaft. Wegen der Nebelschwaden sieht man fast nichts. Ich kann nicht schlafen, der Radiosender ist laut. SWR mit Pop und Hits. Die Lehrerin singt einen Refrain mit: »Du bist am Leben.« Ich mag sie dafür. Ich denke zum ersten Mal daran, dass meine Eltern mittlerweile zehn Jahre älter sind als diese beiden.

Autos machen mich sentimental. Autos haben mich immer an Orte gebracht, an die ich ohne Auto nicht gekommen wäre oder an die meine Mutter nicht mit mir gefahren wäre. Es ist Luxus, von der Haustür direkt ans Ziel zu kommen, ohne die U-Bahn benutzen oder die Schuhe nach der Länge des Weges und den Pflastersteinen zwischen Ziel und Bahnhof wählen zu müssen. Als Kind wollte ich nie ankommen und nie aussteigen müssen. Einige Male haben uns Freunde abends mit ihrem Auto nach Hause gefahren. Ich erinnere mich an die Lichter. Ich wollte immer einschlafen, damit man mich nicht aus dem Auto holen konnte, wenn wir da waren. Aber ich konnte nie schlafen, weil ich nichts von der Autofahrt verpassen wollte. Also habe ich am Ende immer so getan, als würde ich schlafen. Ich musste immer aussteigen.

Dann bekam ich einen kleinen silbernen BMW mit Fernsteuerung. Den hatte ich unbedingt haben wollen. Davon standen damals immer mal einige an den Straßenrändern. Später wollte ich so ein Auto fahren. Ich habe Autos nicht als Wertgegenstände verstanden. Eher so als Freunde, vielleicht wie in dem Zeichentrickfilm Cars, oder wie beim VW-Käfer Herbie. Als Kind habe ich manchmal geträumt, ich könnte schon Auto fahren. Aber es hat dreißig Jahre gedauert, bis ich mir den Führerschein leisten konnte.

Im Ausland habe ich, als ich siebzehn war, heimlich im Auto geweint. Ein Auto ist gerade groß genug für eine ganze Familie. Im Auto entsteht eine enge Gemeinschaft. Solange ich im Auto mit einer Familie saß, war ich plötzlich Teil von etwas, das mir eigentlich fremd war. Etwas, das ich vermisst habe. Deswegen machte es mich traurig. Ich fühlte mich glücklich und fehl am Platz zugleich. Ich habe in meinem Leben mit vielen Familien in ihren Autos gesessen. Solange ich da saß, gehörte ich dazu.

Menschen, die ein Auto haben, strahlen Souveränität aus. Sie holen ab, bringen nach Hause, sie sind Möglichmacher. Sie riechen anders. Nach Polstersitzen, Wunderbäumen und Autoradios. Sie haben dicke schwarze Schlüssel. Sie sind unabhängig. Sie brauchen niemanden bitten, sie können ihre rückenkranke Mutter einfach einpacken und mitnehmen. Sie können ein Stück »Zuhause« transportieren, große schwere Dinge mitnehmen und sie können viel einkaufen. Autos *sind* Souveränität.

Ein schwarzer Mercedes, wie der, in dem ich gerade sitze, ist sehr souverän.

⋆

Meine Eltern sind überhaupt nicht so souverän wie diese beiden Eltern. Aber im Gegensatz zu manchen anderen Eltern, die materiell und emotional mehr zu bieten haben, haben meine Eltern immer zu mir gehalten. Ich weiß noch, wie ich in meinem ersten Semester an der Uni zusammen mit einer hübschen Brünetten vor der Liste mit den Klausurergebnissen stand. Sie war völlig aufgelöst, ihre Großeltern würden sich weigern, sie weiter in ihrem Studium zu unterstützen, wenn sie die Massenklausur Statistik nicht mit mindestens einer Eins bestehen würde, erzählte sie. Ehrlich gesagt dachte ich damals, sie übertreibt maßlos und dramatisiert. Es scheint ein solches Verhalten von ehrgeizigen Eltern oder Großeltern aber zu geben.

Die Mutter meiner damaligen besten Freundin hat ihre Tochter neben einem festen Nebenjob und Klausuren auch jede freie Minute auf Promotionsjobs verbringen lassen, obwohl sie sie hätte unterstützen können, zumindest als ihre Tochter eine Zeitlang ins Krankenhaus musste. Überhaupt hatte besagte Mutter meine Freundin gleich zu Anfang des Studiums aus dem Haus geworfen. Nun, meine Freundin ist sehr selbständig und hat viel geschafft. Trotzdem habe ich mich damals sehr darüber gewundert, dass es so etwas gibt. Ich muss vor meinen Eltern zum Glück nichts verheimlichen und nichts beschönigen. Über das, was sie haben, kann ich verfügen. Und in dieser Einstellung sind sich meine Eltern total ähnlich, obwohl sie sonst nichts gemeinsam zu haben scheinen.

Dass ausgerechnet meine Eltern sich vor Jahren getroffen und zusammen ein Kind gezeugt haben, muss in einem dieser Momente passiert sein, in denen das Schicksal, die Engel oder die Götter ihre Pflicht vernachlässigt haben, die

Schwachen vor sich selbst zu beschützen. Auf dem einzigen Hochzeitsfoto, das ich von ihnen habe, gehen vier Menschen eine Treppe vor einer gusseisernen Tür hinunter. Die vier Menschen bleiben nicht einmal stehen, um sich für die Kamera aufzustellen. Eine Passantin huscht gerade noch aus dem Bild. Falls es jemals ein richtiges Hochzeitsporträt von meinen Eltern gab, haben sie es nicht für nötig gehalten, es für mich aufzubewahren. Das Foto ist mit einer gewöhnlichen Polaroid-Kamera geschossen.

Mein Vater trägt einen Vollbart und guckt als Einziger in die Kamera. Er hat eine weiße Jeans mit weitem Schlag an, ein hellblaues Hemd und einen dunklen Cordblazer, der immer noch bei ihm im Schrank hängt. Er hält meine Mutter an der Hand. Es ist das einzige Bild, überhaupt das einzige Mal, dass ich meinen Vater meine Mutter an der Hand habe halten sehen. Dieses eine Mal scheint er sie ganz fest zu halten. Meine Mutter guckt nach unten auf die Treppe. Sie trägt flache Sandalen, »Jesuslatschen«, und ein gerade geschnittenes weinrotes Kleid mit Silberstickerei. Es ist ein türkisches Hauskleid, das sie einmal von einer Freundin geschenkt bekommen hat. Es war das schönste und ungewöhnlichste Kleid, das in ihrem Schrank hing. Zur Hochzeit ist der Kontakt zu der Freundin schon abgebrochen, sie lebt wieder in ihrer Heimat oder irgendwo in Deutschland. Die Haare meiner Mutter fallen ihr glatt, ohne Schmuck, auf die Schultern.

Ihr zur Seite stehen die Mutter meines Vaters und die Trauzeugin, Anabell, eine Studienkollegin meiner Eltern vom Berlin-Kolleg. Oma und Anabell sind richtig zurechtgemacht. Oma trägt eine glänzende Bluse und einen Rock, Anabell ein weißes Kleid, ein richtiges Kleid mit kleinem

Petticoat, und sie hat Stöckelschuhe an den Füßen. »Auf dem Standesamt dachten alle, sie sei die Braut«, hat meine Mutter mir erzählt. Sollte sie sich darüber geärgert haben, dann hat sie das zu verstecken verstanden. Meine Mutter antwortet heute noch genervt, wenn ich sie nach diesem Tag frage. Sie war schon schwanger, als sie die Treppe vom Standesamt hinunterging. Nach der standesamtlichen Trauung traf sich die Familie im Rathauskeller, um miteinander anzustoßen. Meine Tante und mein Onkel waren nicht dabei. Sie kamen erst später zum gemeinsamen Kaffeetrinken dazu. Es muss eine traurige Hochzeit gewesen sein.

Mein Vater hat mir erzählt, er hätte meine Mutter nie richtig geliebt. Als sie ihm sagte, dass sie schwanger ist, da wollte er nichts von seiner Verantwortung wissen. Er hatte es ja nicht einmal geschafft, selbst erwachsen zu werden und sein Leben in die Hand zu nehmen. Aber dann auf einem Spaziergang im Schlossgarten Charlottenburg haben sie sich entschieden, es doch als Familie zu versuchen. Vielleicht war es ein anrührender Moment, in dem die Sonne meiner Mutter ins Haar schien. Vielleicht brachte mein Vater es doch nicht übers Herz, mit seinem eigenen Kind nichts zu tun haben zu wollen. Vielleicht war es der tiefe Wunsch, etwas Richtiges zu tun, ein »Zusammen« zu versuchen, obwohl mein Vater schon damals genau wusste, dass er ein Eigenbrötler war. Meine Mutter hat manche seiner Schwächen anfänglich als Stärken ausgelegt. Vielleicht hat mein Vater ja selbst daran geglaubt. Das Lächeln in seinem Gesicht sieht danach aus. Aber er war überhaupt nicht auf eine Beziehung vorbereitet. Nicht bereit, einer Frau, die große Unsicherheit in sich hatte, die fehlende Selbstbestätigung zu geben. Er war gerade ein Jahr vorher aus der Nervenklinik entlassen worden. Er hatte Angstzustände gehabt. Er wollte gern auf Gesellschaften und Partys gehen und junge hübsche Frauen treffen. Aber zu Hause wollte er auch allein sein. Er konnte meiner Mutter kein Partner sein. Er brauchte selber Hilfe. Und meine Mutter konnte ihm nicht helfen, sie verstand ihn gar nicht.

Im Gegensatz zu meiner Mutter kann mein Vater pragmatisch über alles Vergangene reden. Vielleicht, weil er eigentlich nicht über Gefühle sprechen kann. Aber meine Mutter hält ihre Geschütze immer noch schussbereit, gegen die Kränkungen und Enttäuschungen, die mein Vater verursacht und die sie nie ganz überwunden hat. Beide zeigen mir mit ihrem Alltag zwei Lebensmodelle, die für mich jenseits einer Normalität liegen, wie ich sie mir wünsche. Die Geschichte meiner Eltern ist für mich eine der traurigsten Liebesgeschichten überhaupt. Vielleicht weil es eigentlich nicht mal eine Liebes-, sondern eine Verzweiflungsgeschichte zweier einsamer, sich nach Geborgenheit sehnender Menschen ist, die nie zu einem Happy End kam, nicht einmal für einen von beiden. Mein Vater würde mir vermutlich zustimmen, meine Mutter sich gegen diese negative Interpretation wehren.

Das Verhältnis zu meinen Eltern ist lange nicht einfach gewesen. Ich habe mich unverstanden gefühlt und sie nicht als Respektpersonen akzeptiert, aber nach außen habe ich sie genauso heftig verteidigt, wie ich zu Hause mit ihnen gestritten habe. Ich wusste, dass meine Eltern anders als andere und ein bisschen besonders sind. Aber da sie sich nie öffentlich, vor meinen Freunden oder auf Schulveranstaltungen, auffällig benommen haben, habe ich mich nie für sie geschämt. Einmal hat mir eine Klassenkameradin gesagt, weil ich keine Patentante aufzuweisen hatte: »Wenn deiner Mutter etwas passiert, nehmen wir dich auf.« Aber sonst war das Thema meiner Mutter zwischen meinen Klassenkameradinnen und mir schnell abgehakt und wurde von wichtigeren Dingen, wie der Frage der Rollenverteilung in unserer Detektivgruppe, verdrängt.

Ich hatte von klein auf das Gefühl, dass ich meine Eltern, besonders meine Mutter, verteidigen wollte und es eines Tages allen, die sie traurig gemacht haben, so richtig zeigen werde. Das erste Mal hatte ich dieses Gefühl, als ich drei oder vier Jahre alt war. Wir saßen in unserer Kreuzberger Wohnung im Wohn-Mama-Schlafzimmer. Meine Mutter kauerte mit dem Rücken an der Wand auf dem Boden. Ich sah ihre Tränen und spürte diese unendliche Traurigkeit, die sie verströmen konnte. Ich hatte instinktiv das Bedürfnis, sie zu trösten und alles gut werden zu lassen. »Wenn man weint, blutet die Seele«, habe ich irgendwo einmal gelesen. Ich wollte meine Mutter beschützen, die Freundin sein, die ihr zur Seite steht, die Mutter, die stark für sie ist, und der Mann, der sie gegen Beleidigungen oder Verachtung verteidigt. Leider ist mir das nicht gelungen. Aber das Gefühl begleitet mich bis heute, nur kommt es manchmal auch gepaart mit dem Wissen daher, nichts tun zu können.

Früher hatte ich zuweilen das Bedürfnis, sie schon dann zu verteidigen, wenn jemand sie aus Versehen auf der Straße anrempelte. Sie bleibt manchmal ganz verträumt an den falschen Stellen stehen, kurz nach der Rolltreppe in Warenhäusern zum Beispiel. Sie bewegt sich ohnehin oft langsam und schwebend, als käme sie aus einer anderen Welt, in der die Schwerkraft ausgehebelt ist. Im Bus hat einmal ein kleiner frecher Junge etwas Blödes zu ihr gesagt. Ich war, wie immer, bereit, zu bellen oder zurückzurempeln und habe ihn gleich zurechtgewiesen. Meine Mutter hat nur gelacht. »Lass doch, das macht doch nichts.« Ihr ist es egal. Manchmal macht mich das wütend. Dass sie sich nicht wehrt, dass sie alles erträgt.

Woher kommt dieser Impuls bei Kindern, sich so stark zu fühlen, dass sie glauben, ihre Eltern verteidigen zu können? Immer wenn ich dieses Gefühl der Verletztheit bei meiner Mutter spürte, nach Amtsbesuchen etwa oder nach Konflikten mit anderen Menschen, habe ich die Übeltäter in meiner Phantasie durch meine bloße Anwesenheit und ein paar gut gesetzte Worte fertig gemacht. Wie ein beschützender Wächter wollte ich mich vor meine Eltern stellen, so dass keiner ihnen wehtun, sie traurig machen oder benachteiligen konnte.

Richtig verteidigen musste ich meine Eltern aber erst im Ausland. Ich habe mich meistens geschmeichelt gefühlt, wenn mich Erwachsene mal zur Seite nahmen, mir erst erzählten, wie reif sie mich für mein Alter hielten und wie ernsthaft sie mich fänden. Dann folgten ein paar Fragen zu meinem Familienhintergrund. Es waren nur wenige, die sich überhaupt dafür interessierten. Danach zogen sie ein anerkennendes Resümee, das mit einem optimistischen Blick in meine Zukunft endete: »Wie bist du bloß so weit gekommen, bei *den* Eltern?« Solche Worte fühlten sich einen Moment lang an, als fiele ein warmer Sonnenstrahl auf mich, der mir jedoch in der nächsten Sekunde so zusetzte, dass mir speiübel wurde. Meine erste Reaktion war Stolz auf mich selbst, »Yeah«, dachte ich, »ich bin stark, ich habe es geschafft und meine Eltern überwunden.« Ich hatte mir Respekt verschafft. Gleichzeitig wusste ich immer, dass meine Eltern gute Menschen sind. Was ich als Lob empfand, war Verrat an ihnen: Sie sind grenzenlos großzügig und haben immer alles getan, so gut sie es konnten.

Das wichtigste Kapital in meinem Leben habe ich von ihnen selbst bekommen: Offenheit und Ehrlichkeit, Verständnis und Herzlichkeit und die Fähigkeit, Ängste überwinden zu können, denen sie noch hilflos ausgeliefert sind, und Verantwortung für meine Taten zu übernehmen. Meiner Meinung nach sind das die wichtigsten Werte im Leben überhaupt. Ich habe, was ich geschafft habe, nicht *trotz*, sondern *wegen* ihnen geschafft. Sie haben den Mut gehabt, mir Vorbilder zu geben, die ziemlich weit entfernt waren von unserer Lebensrealität. Sie heißen Martin Luther King, Judith Butler, Nelson Mandela, Louis Armstrong, George Tabori, Barbara Streisand, Doris Lessing – eine ziemlich krause Mischung. Und doch haben alle eins gemeinsam, was auch meine Eltern mit meinen Helden teilen: Sie sind alle dafür bekannt, dass sie nach ihrem eigenen Verstand gehandelt haben und nicht entsprechend der gesellschaftlichen Konventionen. Und dafür werde ich sie immer verteidigen.

KAPITEL EINUNDZWANZIG

Zwischen den Welten. Ein Epilog

In dem ein fast fertiges Buch immer wieder besprochen wird, mein Vater sich ein letztes Mal aufregt und einige wichtige Fragen, die nichts an Aktualität eingebüßt haben, immer noch auf ihre Antwort warten.

Zerrüttete Persönlichkeiten laborieren in
einer kaputten Welt.
Das ist die Situation.
Hangelnd.
Sagen Sie es aus!
Erbrechen Sie sich!

Hubert Fichte, *Ketzerische Bemerkungen zu einer Wissenschaft über den Menschen*

Ich blättere zusammen mit meiner Mutter durch die Seiten meines fast fertigen Buches. Über manche Zeilen, die in diesem Text stehen, haben wir uns gestritten und dann wieder versöhnt. Was und wie hier etwas aus unserem Leben beschrieben wird, ist aus meiner Sicht formuliert. Aber kritische Stellen über meine Eltern, die sie als ungerechtfertigt empfinden könnten, habe ich mit ihnen besprochen, zuweilen auch einen Änderungsvorschlag von ihnen akzeptiert – zumal ich nicht Gefahr laufen wollte, Vorurteile zu wiederholen, auf die meine Eltern in ihrem Leben schon zur Genüge gestoßen sind. An manchen Stellen fiel es mir leicht, auf sie zu hören. An anderen brauchte ich eine Weile, um zu verstehen, dass auch ich ihnen manchmal allzu wohlfeile »Ratschläge« gegeben habe, die ihr Ziel verfehlen mussten. Meine vergeblichen Bemühungen zum Beispiel, meine Mutter immer wieder zu einem Volkshochschulkurs zu überreden, gehören dazu. Auch Gutgemeintes kann bevormundend sein. Ein Dialog, der auf einem wirklichen wechselseitigen Verständnis aufbaut, entsteht erst dann, wenn ich die Lebenswelt meines Gegenübers akzeptiere und aufhöre, ihn wie ein Mündel zu behandeln. Das galt schon für Ethnologen und Entdecker bei ihren Begegnungen mit den Fremden auf anderen Kontinenten, das gilt auch für das Verhältnis zwischen Eltern und Kindern wie auch zwischen Vertretern der Gesellschaft und einzelnen Individuen.

In meinem Buch sollten auch meine Eltern erzählen dürfen, ohne Angst, missverstanden zu werden. Mein Buch ist schließlich auch ihr Buch. Ohne ihren Mut, ihre Offenheit und ihr Vertrauen wäre es mir nicht möglich gewesen, unsere gemeinsame Geschichte aufzuschreiben. Manchmal hat es wehgetan, an alte Wunden zu rühren. Anders als in bestimmten Phasen meines Heranwachsens würde ich heute meine Eltern nicht einmal für einen Tag gegen andere eintauschen wollen. Wir haben in den letzten Jahren so vieles voneinander gelernt. Ein internes Familien-Happy-End. Nach außen aber sind viele Fragen offen geblieben, auf die ich auch keine Antwort weiß: Ist jemand schuld daran, dass sie nie wirklich Zugang zum Arbeitsmarkt und damit zu einer echten gesellschaftlichen Teilhabe fanden? War es einfach Pech? Was wird jetzt aus mir?

Ich habe im letzten Jahr Zahlen, Studien und Fakten gesammelt, wissenschaftliche Theorien zur Armut, Ungleichheit, Chancengleichheit in Deutschland studiert und das Buch der Journalistin Julia Friedrichs »Gestatten: Elite. Auf den Spuren der Mächtigen von morgen« gelesen. Darin wird die Unverfrorenheit der sogenannten Elite unmissverständlich deutlich: Mit den vermeintlichen Verlierern der Gesellschaft will sie nichts zu tun haben. Mit Menschen wie uns. Die Elite sind, laut Duden, die Führungsschicht, eine Gruppe Auserwählter mit besonderen Qualitäten, im Sport und Militär die Besten. Sie besetzen gesellschaftliche Spitzen- und Führungspositionen, ein Privileg, das sie ihrer eigenen Meinung nach überdurchschnittlichen Leistungen verdanken. Aber welcher Art sind diese Leistungen? Nach welchen Kriterien werden die ausgewählt, die dazugerechnet werden? Oder ist die Elite der neuzeitliche Adel, in den man nur hineingeboren werden kann? Und gibt es noch einen Unterschied zwischen der Elite, die ihre Stellung durch Macht und Geld befestigt, und der Exzellenz, mit der sich die Universitäten so gern schmücken, obwohl sie die Einrichtungen sind, in denen nach aufklärerischem Vorbild das Streben nach Bildung und Wahrheit, unabhängig von Sponsoren und »Drittgeldern«, zu finden sein sollte?

»Nun ja, uns bleibt zumindest eine Exzellenz«, versuche ich einen Witz, als meine Mutter mir noch eine Tasse Tee einschenkt und ein Stück Hefezopf hinstellt. »Wir sind exzellent in unserer Kenntnis, was Knappheit an Geld für das Leben bedeutet.« Im Hintergrund läuft Deutschlandradio

Kultur. Meine Mutter blättert in einem der soziologischen Wälzer, die ich seit einigen Monaten immer mit mir herumschleppe. »Das klingt ja hochaktuell und geradezu brisant«, sagt sie, als sie auf das Kapitel »Plädoyer für eine überfällige Soziologie der Arbeitslosigkeit« von Martin Kronauer, Berthold Vogel und Frank Gerlach stößt, das die drei 1993 publiziert haben. Darin appellieren sie an die Politiker, die gesamtgesellschaftlichen Folgen der Arbeitslosigkeit zu bedenken und eine Schicht von Dauerarbeitslosen nicht als Normalität hinzunehmen. Was die drei Forscher damals noch eher prognostizierten, wurde in den Folgejahren mehr und mehr Realität. Eine Realität, die man im Vierten Armutsbericht, der jüngst erschien, sprachlich ein bisschen zu retuschieren versucht. An der wachsenden Zahl von Transferempfängern, Leiharbeitern und Aufstockern ändert sprachliche Kosmetik allerdings nichts. An der zunehmenden Spaltung unserer Gesellschaft, in der viele immer weniger und wenige immer mehr haben, auch nichts.

*

Ich gucke auf mein fast fertiges Manuskript und denke zurück an meine Begegnungen mit den Mitarbeitern des Jobcenters und die Geschichten, die meine Eltern, Freunde und Bekannte dort erlebt haben. So viele Bemühungen. So viele junge freundliche Sachbearbeiter. Und so viel Unbehagen an dem sich immer wiederholenden organisatorischen Versagen der Behörde, das sich für die Betroffenen wie Schikane anfühlt. »Der größte Dienstleister auf dem deutschen Arbeitsmarkt« steht auf der Homepage der

Bundesagentur für Arbeit. Wem genau leistet die Bundesagentur ihre Dienste? Irgendjemand muss doch alles überblicken und an den Fäden ziehen. Wer ist dieser Jemand? Was will er? Wo hat er seine Ausbildung gemacht und wie sieht seine Leistungsbilanz aus?

Immer noch finden so viele, die Arbeit oder Weiterbildung suchen, im Jobcenter kein passendes Angebot. Auf der Seite »jobcenter-ich-bin-gut.de« finde ich ein Quiz: »Die 5 größten Irrtümer über Hartz-IV-Empfänger und was die wahren Fakten sind«, illustriert mit Herzen und anderen gutgelaunten graphischen Elementen. Die Irrtümer sind: 1. Hartz-IV-Empfänger wollen nicht arbeiten; 2. Hartz-IV-Empfänger suchen nicht selbst aktiv nach Arbeit; 3. Hartz-IV-Empfänger sind bei der Arbeitssuche wählerisch; 4. Hartz-IV-Empfänger haben nichts Sinnvolles zu tun und 5. Hartz-IV-Empfänger sind schlecht qualifiziert. Das Quiz ist eine knappe und etwas verspätete Antwort der Bundesagentur für Arbeit auf die 33-seitige Anklageschrift, die das Bundesministerium für Wirtschaft und Arbeit 2005 unter dem Titel »Vorrang für die Anständigen – Gegen Missbrauch, ›Abzocke‹ und Selbstbedienung im Sozialstaat« veröffentlicht hat. Darin ließ sich der damalige Minister Wolfgang Clement darüber aus, wie arbeitsfaule Bürger die »Melkkuh Sozialstaat« ausnähmen. Statistische Belege brauchte er, der sonst gern in Talkshows mit Zahlen um sich warf, dafür nicht.

Neben dem Quiz rechts kann ich auf eine Mutmach-Rubrik klicken »Erfolgsgeschichten aus Deutschland, die Mut machen. Jetzt downloaden«. Na also: Zumindest die Marketingabteilung der Bundesagentur funktioniert offensichtlich wie geschmiert. Von der Internetseite und den optimistisch gestalteten Flyern blicken mich junge Menschen lächelnd und geschäftig an, als ob sie mir sagen wollten: »Siehst du, wer sucht, der findet.« Doch obwohl es Kurse, Weiterbildungsmaßnahmen, Förderungen, die E-Lernbörse und eine ausgebaute Internetplattform mit Jobportal gibt, rufen solche Einrichtungen bei den Kunden des Jobcenters, die ich persönlich kenne, nur noch ein Schulterzucken hervor. Weil die finanziellen Mittel für die Förderungen gerade ausgeschöpft oder weil die Angebote an Bedingungen geknüpft sind, die die Suchenden nicht erfüllen.

In der Privatbibliothek einer alternativen Wohngemeinschaft habe ich ein Buch entdeckt: »Workfare. Sozialstaatliche Repression im Dienst des globalisierten Kapitalismus« von dem Schweizer Soziologen Kurt Wyss. Einzelne Passagen lesen sich wie eine von kommunistischer Seite erdachte Verschwörungstheorie. Aber trotz der polemisch überzogenen Sprache, die mich eher irritiert, ertappe ich mich immer wieder dabei, zustimmend zu nicken. Es geht um den Wandel von »welfare« zu »workfare« – darum, wie der Wohlfahrtsstaat in Ländern wie Deutschland und der Schweiz allmählich abgebaut wird. Workfare, so Kurt Wyss, täuscht Integration vor und verstärkt den sozialen Ausschluss erwerbsloser Personen. Ohne offen zuzugeben, dass deren Exklusion von den Mechanismen des kapitalistischen Systems bestimmt wird, das ohnehin im landläufigen Sprachgebrauch längst zur »Marktwirtschaft« verbrämt wird. Wyss sieht darin nicht in erster Linie ein Versagen, sondern ein System: »Billiglöhne«, Ein-Euro-Jobs mit schlechten Arbeitsbedingungen und andere Maßnahmen produzieren zwangsläufig den »Nullerfolg«, wie mein Vater es in seinem

Jobcenter-Tagebuch genannt hat – ein Kreislauf, der die bestehenden Verhältnisse unbedingt erhalten will, weil es andere gibt, die davon profitieren. »Je schlechter die Arbeitsbedingungen und je niedriger der Lohn, desto knapper sind die Ressourcen, über die die Arbeitskräfte verfügen – desto schwerer fällt es ihnen, sich neben der Arbeit körperlich und psychisch genügend (…) zu rekonstruieren. Desto schneller ist die Arbeitskraft verausgabt.«

Meine Mutter nickt, als ich ihr diese Sätze von Wyss vorlese, und erinnert sich an Ein-Euro-Jobs in stickigen Räumen, in denen sie, bis ihre Halswirbel schmerzten, die Zeit absaß, weil es nichts zu tun gab. Ausgelaugte Arbeitskräfte werden einfach durch neue ersetzt, fährt Wyss fort. Ich denke wieder an die Jobbörse des Arbeitsamtes. Bei meinem letzten Besuch standen nur Angebote von Zeitarbeitsfirmen, Personal Leasing AGs und 400-Euro-Jobs zur Auswahl.

Mein Telefon klingelt. Mein Vater ist dran. Er muss seinen Unmut darüber loswerden, dass Justizministerin Leutheusser-Schnarrenberger die Prozesskostenhilfe abschaffen will, die es bisher auch unbemittelten Leuten ermöglichte, sich einen Anwalt zu nehmen. »Die gute alte Bundesrepublik!«, stöhnt mein Vater und beschwört den Geist von Willy Brandt herauf, als das Land noch stolz auf seinen »Sozialstaat« war, der den sozialen Frieden sicherte. »Wo soll das noch hinführen?«, möchte mein Vater wissen. Er würde dem Urteil von Kurt Wyss uneingeschränkt zustimmen, dass die Politik nichts dagegen hat, eher die Zweiklassengesellschaft als den gesellschaftlichen Zusammenhalt zu fördern. »Welcher Hartz-IV-Empfänger kann es sich schon leisten, Anwaltskosten abzustottern? Da verzichtet man doch gleich darauf, sein Recht einzuklagen«, grantelt er.

Ein Prof. em. Dr. Dr. h.c. Stefan Hradil von der Universität Mainz hat die Befürchtungen meines Vater bereits vor einigen Jahren in seinem Beitrag für das Dossier über »Armut in Deutschland«, herausgegeben von der Bundeszentrale für Politische Bildung, festgehalten und ähnlich über Hartz IV und die Versuche zur Förderung der Teilhabe geurteilt: »Armutsbekämpfung führt in Deutschland dazu, dass die Armut statistisch zunimmt.« Bilden sich die Mitglieder der Bundesregierung eigentlich politisch weiter? In den Publikationen der entsprechenden Ministerien klingt alles zu dem Thema Armutsbekämpfung immer unglaublich optimistisch und lösungsorientiert. Familienministerin Kristina Schröder weiß besonders zuversichtlich zu lächeln – selbst die im Januar 2013 durch die Presselandschaft der Bundesrepublik rauschende Kritik an der Unwirksamkeit ihrer Familienförderung versucht sie noch mit dem Hinweis wegzulächeln, der Staat wolle Familien eben keine normativen Vorschriften machen. Deswegen zahlt sie auf der einen Seite an Familien Betreuungsgeld, die ihre Kinder zu Hause lassen, statt sie in den Kindergarten zu schicken, während auf der anderen Seite Hartz-IV-Empfängern das Kindergeld angerechnet wird, obwohl jeder inzwischen weiß, dass das von der Bundesregierung verabschiedete Bildungspaket auf wenig Resonanz stößt. »Damit hätte ich dir damals ohnehin nicht den Musikunterricht finanzieren können«, meint meine Mutter beiläufig.

*

Wenn ich mit meinen Bekannten über Hartz IV und Chancengleichheit spreche, bin ich oft verwirrt durch die extrem auseinanderliegenden Meinungen, mit denen ich mich in solchen Diskussionen konfrontiert sehe. Die einen, die in die Gesellschaft integriert und meistens deutscher Herkunft sind, betonen, dass in der Schule jeder die gleichen Lehrmittel zur Verfügung hat, dass es Lehrmittelbefreiung und kostenlos zugängliche Bibliotheken gibt. Selbst wenn sie persönlich nicht aus privilegierten finanziellen Verhältnissen kommen, sagen sie: »Wir leben doch in Deutschland. Hier hat jeder die gleichen Chancen. Man muss sie nur nutzen.« Wenn ich das höre, will ich immer widersprechen, schließlich weiß ich, dass es so einfach nicht ist, aber es fällt mir schwer, meinen Widerspruch zu begründen und ihn mit konkreten Beispielen zu untermauern.

Von Seiten der anderen, die erst als Jugendliche oder zum Studium nach Deutschland gekommen sind, klingt es ganz anders. Sie reden nicht von Bibliotheken, sondern von dem niederschmetternden Gefühl, trotz aller Anstrengungen, Begabungen und trotz ihres Fleißes nicht weiterzukommen. »Hier wirst du doch eh nichts«, sagen sie. Sie fühlen sich nach Äußerlichkeiten beurteilt, ihrem Namen, ihrem Akzent, ihrem Herkunftsland und danach, dass sie mit bestimmten deutschen Formalitäten nicht vertraut sind. Dem Bewerbungsjargon zum Beispiel.

Auch wenn ich weiß, dass es für sie hierzulande oft schwer ist, mag ich ihr vernichtendes Urteil dennoch nicht teilen. Aber auch ihnen gegenüber fällt es mir schwer, ihre Argumente zu widerlegen und konkrete Gegenbeispiele zu finden. Vielleicht weil ich auch an mir selbst oft diesen Mangel an Motivation beobachten kann, der durch jede noch so kleine Niederlage genährt wird, bis er in Frust und Rückzug umschlägt. Ich kann das Gefühl der Mutlosigkeit und die Wut, die darauf folgt, nur zu gut verstehen.

Ich bin keine Sozialwissenschaftlerin. Wissenschaftliche Studien zu den Folgen von Armut und gesellschaftlichem Ausschluss gibt es zuhauf. Ich wollte mit diesem Buch eine ganz andere Geschichte erzählen, aus dem Innenleben einer solchen Randexistenz berichten, von den vielen alltäglichen Begebenheiten, den einschränkenden wie auch den befreienden, von den Rückschlägen wie den Aufbrüchen, den Abweisungen wie den Unterstützungen, die ich erfahren habe. Manchmal kommt mir die Entscheidung meiner Eltern, mich Undine zu nennen, wie ein Omen vor: Ich kenne beide Welten, die der oft Mutlosen wie auch die der Optimisten und Verteidiger dieser Gesellschaft. Ich kenne ihr Misstrauen gegeneinander, ihre wechselseitige Unkenntnis, ihre Vorurteile übereinander, aber auch ihre jeweiligen Argumente, von denen manche durchaus überzeugend sind. Ich fühle mich weder bei den einen noch bei den anderen aufgehoben. Würde ich an ein Kismet glauben, dann müsste ich in meinem Hin- und Hergerissensein vielleicht die mir auferlegte Bestimmung erkennen: Undinen sind Grenzgängerinnen zwischen den Welten, in keiner wirklich zu Hause, in keiner werden sie erlöst. Vielleicht aber, das hoffe ich, können sie gerade deshalb der einen Welt von der jeweils anderen erzählen, Übersetzerinnen sein, aufklären und vielleicht sogar ein bisschen Mut machen.

*

»Undin', worüber denkst du nach?«, weckt mich meine Mutter aus meinen Tagträumen und will mir schon wieder Kamillentee nachgießen. »Wenn ich lese, was ich geschrieben habe, dann fühle ich mich auf einmal sehr verletzlich«, sage ich und gucke meiner Mutter ernst in die Augen. »Bist tapfer«, ermutigt sie mich, und diese Worte fühlen sich ungewohnt altmodisch an. Ich betrachte sie, als sie nun aufsteht und die Arme ganz hoch in die Luft reckt, um die ganzen Diskussionen von sich abzuschütteln, so wie sie es immer macht, wenn sie zu lange still gesessen hat. »Puh!«, seufzt sie. »Ich bin sehr erleichtert, wenn das alles vorbei ist.« Sie meint das ganze Grübeln und die Aufregung um das Manuskript. Für heute legen wir die Blätterstapel endgültig zur Seite.

DANKSAGUNG

Ich danke meinem Vater und meiner Mutter, die dieses Buch mit mir zusammen verfasst und mich beim Schreiben ermutigt und aufgefangen haben; meinem Begleiter und Tröster Jawed Nayebi; Lieselotte Pilser und den Bewohnern der Morgensternstraße in Bern für die tiefen soziologischen Gespräche und den Arbeitsplatz in ihrer hauseigenen Bibliothek; Heike Faller, Die Zeit; Gila Keplin, Agentur Simon, und Nina Sillem, S. Fischer Verlag, die das Buch haben Wirklichkeit werden lassen; und ganz besonders meiner Lektorin Ingke Brodersen, die meinen Text verstanden, geschliffen und poliert hat, bis er von allem Wortstaub befreit war.